Brigitte Wilmes-Mielenhausen

# KRIMSKRAMSKISTE: aus Alt wird Neu

Brigitte Wilmes-Mielenhausen

# Krimskramskiste: aus Alt wird Neu

## Kreatives Gestalten mit Alltagsmaterialien

Mit Illustrationen von Ines Rarisch

HERDER

FREIBURG · BASEL · WIEN

## Erläuterung der Symbole:

**+3** Altersangabe in Jahren

 Spielort drinnen       Kleingruppe (4–6 Kinder)

Spielort draußen       Großgruppe (ab 6 Kinder)

Im Interesse der besseren Lesbarkeit und weil Frauen in frühpädagogischen Berufen prozentual stärker vertreten sind als Männer, wird in diesem Buch stets die Leserin angesprochen und auch meist die weibliche Form verwendet, wenn von pädagogischen Fachkräften die Rede ist. Selbstverständlich sind damit aber immer Leser und Leserinnen bzw. männliche und weibliche Fachkräfte gleichermaßen gemeint.

**MIX**
Paper from
responsible sources
**FSC® C010798**

FSC
www.fsc.org

© Verlag Herder GmbH, Freiburg im Breisgau 2014
Alle Rechte vorbehalten
www.herder.de

Umschlaggestaltung: SchwarzwaldMädel, Simonswald
Illustrationen außen und innen: Ines Rarisch, Düsseldorf

Satz und Gestaltung: Arnold & Domnick, Leipzig
Herstellung: Graspo CZ, Zlín
Printed in the Czech Republic

ISBN 978-3-451-32728-5

# Inhalt

## Farben und Werkstoffe aus dem Atelier ............. 43

## Die hämmernde Werkstatt ....................... 55

# Einführung

## Alles nur Abfall – oder was sonst?

„Bitte nicht wegwerfen!", ruft Theresa, als die Mutter einen Eierkarton gemeinsam mit einem Joghurtbecher und einer Colaflasche in den Mülleimer werfen möchte. Gerade rechtzeitig rettet sie den Eierkarton vor dem Haushaltsmüll, holt geschwind Pinsel, Farbe, Schere und andere Utensilien aus dem Kinderzimmer und beginnt, mit viel Geschick und Fantasie aus der Eierverpackung ein kleines Schiff zu gestalten.

„In der Kita haben wir auch so was gemacht, aus Sachen, die man eigentlich wegwerfen möchte. Außerdem hast du den Müll gar nicht getrennt", erklärt Theresa selbstbewusst. „Joghurtbecher, Eierkarton und Colaflasche gehört nicht zusammen!" Die Mutter schaut etwas ratlos, muss sich aber eingestehen, dass Theresa Recht hat.

In Theresas Kita gab es ein Projekt zum Thema Müll, Mülltrennung und Müllvermeidung. Die Erzieherin hatte einen Abfalleimer vor den Kindern ausgeleert, und die ganze Gruppe war überrascht, was so alles zum Vorschein kam. Anschließend wurde mit den Kindern gemeinsam überlegt, warum Menschen heute so viele Abfälle produzieren, dass sich ganze Müllberge auf den Halden türmen.

Viele Abfälle belasten die Natur, gelangen direkt oder auf Umwegen sogar in die Weltmeere. Touristen hinterlassen ihren Müll am Strand. Schiffe kippen Abfälle ins Wasser. Auch über Flüsse kommt Unrat ins Meer. An manchen Stellen gleichen die Ozeane einer gigantischen Müllkippe. Besonders belastend sind Plastikflaschen und Plastiktüten. Plastik wird von Fischen und Meeressäugetieren oft mit Nahrung verwechselt und gefressen – entweder ganz oder in kleinen Teilchen – wodurch viele Tiere qualvoll sterben. So gelangt über die Nahrungskette Plastik auch in den menschlichen Körper.

Um den Kindern die Verschmutzung und den natürlichen Verfall von Abfall näherzubringen, kann ein praktischer Versuch sehr anschaulich sein: Die Erzieherin läßt die Kinder beobachten, wie lange es dauert, bis eine Apfelschale schrumpelig und faul, eine Blüte oder ein Blatt welk wird und verwest. Wie viel länger muss es dauern, bis sich eine Kunststoffflasche in der Natur zersetzt und abgebaut hat?

Da sich Kinder ganz lange Zeiträume kaum vorstellen können (wie lange dauern 450 Jahre?), kann man z. B. einen langen Streifen (Toiletten-) Papier ausrollen und verschiedene Materialien oder Gegenstände auf eine Art „Zeitleiste" legen. Am Anfang liegt vielleicht eine Bananen- oder Apfelschale. Ganz hinten findet sich die Plastikflasche.

~~~~~~~~~~~~~~~~~~~~~~~~~~~~~~~

### Wie lange brauchen Sachen, bis sie verrottet sind?

| | |
|---|---|
| Bananenschale | ca. 2 Wochen |
| Apfel | ca. 2 Monate |
| Pappkarton | ca. 2 Monate |
| Sperrholz | ca. 1–3 Jahre |
| Plastiktüte | ca. 20 Jahre |
| Weißblechdose | ca. 50 Jahre |
| Sixpack-Ringe | ca. 200 Jahre |
| Aluminiumdose | ca. 400 Jahre |
| Plastikflasche | ca. 450 Jahre |
| Wegwerfwindel | ca. 450 Jahre |

~~~~~~~~~~~~~~~~~~~~~~~~~~~~~~~

In unserer sogenannten „Wegwerfgesellschaft" produziert fast jeder Mensch eine halbe Tonne Müll jährlich, wobei natürlich nicht alles in der Deponie landet oder – wie oben beschrieben – sogar in den Weltmeeren schwimmt und diese in einen gigantischen Müllstrudel verwandelt.

Hier die gute Nachricht: Viele Abfälle (über 60%) werden wiederverwertet (z. B. Glas, Papier, Kunststoffe, Metall ...), sodass aus alten Materialien und Gegenständen etwas Neues entstehen kann. So wird z. B. eine Kunststoffflasche zu Granulat zerkleinert, eingeschmolzen und daraus wird eine neue Flasche oder ein anderer Artikel produziert.

„Die Krimskramskiste: Aus Alt wird Neu" ist die Devise des Recyclings. Abfallvermeidung, Mülltrennung und Wiederverwertung treten als Folge knapper Rohstoffe, steigender Rohstoffpreise sowie eines notwendigen Umwelt- und Klimaschutzes immer mehr in den Fokus. „Bildung für eine nachhaltige Entwicklung" (Agenda 21 der Vereinten Nationen) vermittelt Kindern nachhaltiges Denken und Handeln. Nachhaltigkeit versetzt Menschen in die Lage, sich so zu verhalten, dass zukünftige Generationen keinen Schaden nehmen.

## Was ist was?

- **Recycling:** Oberbegriff für die Aufbereitung und Wiederverwertung von Abfällen zu neuen Stoffen und Produkten. Dadurch, dass z. B. aus altem Papier neues hergestellt wird, braucht nirgendwo auf der Welt ein weiterer Baum gefällt zu werden.
- **Upcycling:** Das neue Produkt wird bei der Wiederverwertung in seiner Qualität aufgewertet (aus Getränketüten wird z. B. eine Einkaufstasche).
- **Downcycling:** Das neue Produkt wird in seiner Qualität abgewertet (beim Papierschöpfen aus Altpapier ist z. B. die Qualität des neu geschöpften Papiers schlechter als die des Ausgangsproduktes).
- **Mülltrennung:** Erleichtert das spätere Recycling. So werden in der blauen Tonne z. B. Papier, im gelben Sack Verpackungen aus Kunststoff und Metall, in der grünen Tonne Bioabfälle, in der grauen Tonne Restmüll gesammelt. (In manchen Gegenden Deutschlands sind die Farben anders gewählt.)

Am besten ist es allerdings, erst gar nicht zu viele Abfälle zu produzieren. Wenn Kinder anstatt einer PET-Flache eine Nachfüllflasche in die Kita nehmen, wenn sie ihr altes T-Shirt mit Farbe neu bedrucken, anstatt es dem Mülleimer zu überlassen und Altpapier sammeln, um daraus Pappmaschee herzustellen, dann haben sie schon einen kleinen Beitrag zum Umweltschutz geleistet. Das Wort „Wegwerfartikel" ist relativ. Es kommt immer auf den Standpunkt an. Was auf den ersten Blick „wertlos" erscheint, kann wertvoll werden.

*Viele kleine Leute an vielen kleinen Orten, die viele kleine Schritte tun, können das Gesicht der Welt verändern.*

*(Weisheit aus Afrika)*

## Zum Umgang mit diesem Buch

- Das Inhaltsverzeichnis dieses Buches ist als Material-Register aufgebaut. Welche Alltagsdinge haben Sie bereits in der Kita? Was müssen Sie noch sammeln? Im praktischen Spielteil finden Sie die Umsetzungsmöglichkeiten mit den einzelnen Materialien.

- Manchmal gehen Sie vielleicht den umgekehrten Weg: Sie bzw. die Kinder haben erst ein Thema und suchen dann das passende Material. Zum Projekt „Unsere Stadt" suchen Sie vielleicht Kartons, zum Thema „Maskenfest" durchforsten Sie die Regale nach Altpapier.

- Bei den einzelnen Spielvorschlägen gibt es oft mehrere Alternativen. Die Vielfalt ermöglicht es, die passende Variante – je nach Situation, Alter und den Wünschen der Kinder – auszuwählen.

- Neben vielen offenen Angeboten finden sich auch einige Rezepte mit festgelegten Arbeitsschritten. Bei aller Freiheit ist es manchmal notwendig, handwerkliche Vorgaben einzuhalten, um zum Erfolg zu kommen.

- Die in diesem Buch aufgelisteten Materialien sind vorwiegend aus dem Innenbereich und finden als Alltagsmaterialien ihren Nutzen. Zusätzlich sollten Sie mit den Kindern Materialien in Garten, Wald, Wiese oder am Strand sammeln (z. B. Steine, Tannenzapfen, Stöckchen, Muscheln usw.) und in der Werkstatt oder im Atelier verwenden.

- Suchen Sie, neben den angegebenen Materialien und Spielvorschlägen, mit den Kindern gemeinsam nach weiteren Alltagsmaterialien. Sie sparen Zeit, Geld, schonen die Umwelt und fördern die kreative Entfaltung der Kinder.

**Spielen Sie Wühlmaus und seien Sie neugierig und erfinderisch!**

Ich wünsche allen Kindern, Pädagogen und Eltern Inspiration und geschickte Hände, um aus vielen gebrauchten Sachen viele neue Dinge entstehen zu lassen.

Viel Spaß bei der Umsetzung wünscht Ihnen
*Brigitte Wilmes-Mielenhausen*

# Kreativ mit Alltagsmaterialien

## Wenn Blechdosen zum Roboter werden

Jedes künstlerische Vorhaben stellt Kinder vor spezielle Probleme, die mit Fantasie und Geschick gelöst werden müssen. Kreativität ist in diesem Sinne die Fähigkeit, Neues zu entdecken, zu gestalten oder Altes zu verändern, weiterzuentwickeln und Lösungen für Probleme zu finden.

Das lat. Wort „creare" bedeutet so viel wie: schaffen, erschaffen und somit „schöpferisch" sein. Fantasie (Vorstellungsvermögen) ist der Motor der Kreativität. Kreativität kann gefördert und entwickelt, kann aber auch gehemmt bzw. blockiert werden. Blockierend wirken z.B. zu viele Vorgaben, festgelegte „Bastelanleitungen", Bewertungen, Kritik („Was, das soll ein Schiff sein?").

Kinder haben eine große Sammelleidenschaft. Diese bezieht sich auf Dinge in der Natur (z.B. Steine, Muscheln), aber auch auf alltägliche Materialien und Gegenstände (z.B. Korken, Schachteln). Sammeln geschieht zunächst vielleicht willkürlich, aber mit zunehmender Erfahrung beginnen Kinder damit, Dinge gezielt auszuwählen. Dabei müssen sie beobachten, wahrnehmen, nachdenken und entscheiden. Suchen, Auswählen und Sammeln sind entscheidende Impulse für die kreative Entwicklung. Wichtig ist, dass Erwachsene nicht vorschnell bewerten („Was willst du denn mit einer Coladose anfangen?").

Durch Experimentieren entdecken Kinder, dass man die Funktion verschiedener Gegenstände verändern, ihren Nutzen erweitern und ihnen eine neue Bedeutung geben kann. Die Erfahrung von Veränderbarkeit führt zur Erkenntnis, dass die Umwelt beeinflusst und gestaltet werden kann. Etwas zu verfremden und zu verändern, spielt im bildnerischen Gestalten eine wichtige Rolle.

Zuerst wird mit Materialien „nur" herumexperimentiert, um ihre Eigenschaften zu erfahren. Im nächsten Schritt haben die Kinder vielleicht ein konkretes Bild, ein Thema vor Augen, das sie darstellen möchten, sodass aus mehreren Coladosen plötzlich ein Roboter entsteht.

Schließlich finden sich auch neue praktische Verwendungsmöglichkeiten für Materialien: aus einer beklebten Blechdose wird vielleicht ein Buntstifthalter oder eine Blumenampel.

Fertig gekaufte Spielzeuge ermöglichen dagegen meist nur eine festgelegte, begrenzte Verwendung. Traditionelle Basteleien kennen in der Regel nur wenige Verfahren, arbeiten nach vorgegebenen Mustern und erwarten festgelegte Ergebnisse (Kastanienmännchen fertigt man mit Streichhölzern und Sterne traditionell aus Goldpapier). Oft sind die Ergebnisse rein dekorativ, „hübsch anzusehen" und entsprechen manchmal eher dem traditionellen Kunstgewerbe als kunstpädagogischen Ansprüchen.

In der Arbeit mit Alltagsmaterialien können Kinder dagegen ihre Kreativität und zudem auch ihre handwerklichen Fähigkeiten entwickeln. Diese Kompetenzen kommen in der heutigen Lebenswelt der Kinder immer weniger vor. Viele Eltern können schlecht mit Werkzeugen umgehen bzw. halten Kinder aus Sicherheitsgründen davon fern. Dazu fehlen Zeit und geeignete Räume. Hier kann die Kita durch entsprechende Angebote einen Ausgleich schaffen.

## Entwicklungsphasen im Umgang mit Material

Bildnerisches Gestalten entwickelt sich bei Kindern in Phasen, die aber nicht unbedingt gleichmäßig aufeinanderfolgend verlaufen. Je jünger das Kind ist, desto mehr steht die Materialerfahrung und das Ausprobieren von Werkstoffen im Vordergrund. Dabei kommt das Kind beim Malen, Formen, Modellieren und Bauen zunächst zu Zufallsprodukten.

Erst allmählich entwickelt sich die Fähigkeit, das Endprodukt vorwegzunehmen, Material danach auszusuchen, das eigene Vorgehen zu planen und die Umsetzung schrittweise anzugehen.

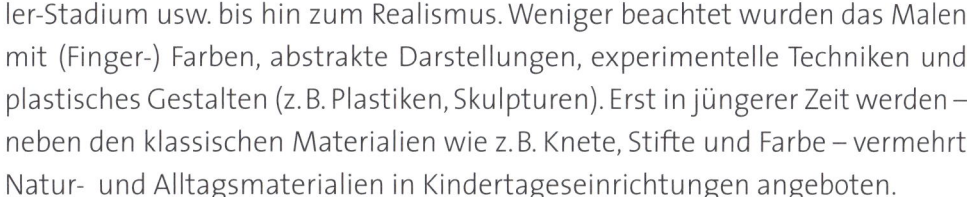

Wissenschaftliche Untersuchungen über die Entwicklung des bildnerischen Gestaltens bei Kindern wurden vornehmlich an Kinderzeichnungen vorgenommen – Einteilung in Kritzelstadium, Kopffüßler-Stadium usw. bis hin zum Realismus. Weniger beachtet wurden das Malen mit (Finger-) Farben, abstrakte Darstellungen, experimentelle Techniken und plastisches Gestalten (z. B. Plastiken, Skulpturen). Erst in jüngerer Zeit werden – neben den klassischen Materialien wie z. B. Knete, Stifte und Farbe – vermehrt Natur- und Alltagsmaterialien in Kindertageseinrichtungen angeboten.

Darüber hinaus bedachte man bei Untersuchungen über die Entwicklung des bildnerischen Gestaltens (meistens Zeichnen bzw. Malen) zu wenig, dass jedes Kind eine ganz individuelle Entwicklung durchläuft und einen individuellen, unverwechselbaren eigenen Stil  hat, der sich nicht mit dem Ausdruck anderer Kinder vergleichen lässt.

Zudem kann man immer wieder feststellen, dass sich bei Bildwerken oft mehrere Entwicklungsphasen gleichzeitig innerhalb eines Werkes finden. So kann ein Kind z. B. detailgetreu eine realistische Stadt malen, aber die Männchen, die darin herumlaufen, sind lediglich „Kopffüßler". Außerdem fallen Kinder oft in ein früheres Stadium zurück, wenn sie ein ganz neues Material ausprobieren. So gestaltet z. B. ein fünfjähriges Kind mit Holzresten ganz gegenständlich ein Tier. Wenn es aber erstmals Schachteln und Dosen in die Hände bekommt, dann probiert es vielleicht erst einmal nur aus, wie sich die Schachteln anfühlen, wie sie aufeinanderstehen und wieder umfallen (Materialerfahrung), bevor es mit den Schachteln ein Haus o. Ä. konstruiert.

Der Zugang zu vielen unterschiedlichen Materialien ist eine wesentliche Grundlage für kreative Entfaltung. Das Material spricht dazu an (durch seine Größe, Form, Beschaffenheit und Funktion), eigene Ideen zu entwickeln und diese auszuprobieren. Dabei darf ruhig einmal etwas „schiefgehen". Für den Umgang mit Material sind Handgeschick und zum Teil auch Werkzeuge nötig. Die Augen-Hand-Koordination entwickelt sich bereits im ersten Lebensjahr (erstes Greifen mit der ganzen Hand bzw. mit Daumen und Zeigefinger). Umweltbedingungen können sich dabei fördernd oder hemmend auswirken. Kinder, die schon früh mit unterschiedlichen Werkstoffen, Werkzeugen und Gegenständen umzugehen lernen, entwickeln und verbessern spielerisch ihre Feinmotorik. Werkzeuge handhaben ist – neben den  räumlichen Bedingungen – eine wichtige Voraussetzung, um Material bearbeiten bzw. mit Material etwas gestalten zu können.

## Raumgestaltung

Schaffen Sie für die Kinder eine kleine *Werkstatt* oder zumindest eine *Werk-Ecke* mit Werkbank, altem Tisch und Werkzeug. Manchmal bietet auch das Außengelände eine Ecke oder sogar ein Häuschen, in dem geschraubt, gehämmert, gesägt und montiert werden kann. Bieten Sie keine Spiel-Werkzeuge im „Mini-Format", sondern richtiges Erwachsenen-Werkzeug in der kleinsten Größe an. Solche Werkzeuge sind stabiler und liegen besser in der Hand (vgl. dazu Seite 56).

Darüber hinaus benötigen Kinder einen großen Maltisch (besser mit Hockern als mit Stühlen), eine Malwand, Staffeleien (im Gruppenraum – besser in einem separaten Nebenraum, Werkraum, Kunstraum bzw. Atelier), ideal mit Wasseranschluss in Kinderhöhe. So wird künstlerisches Gestalten fast jederzeit möglich.

Die meisten Einrichtungen sind mit Farben, Pinseln, Knete und Papier ausreichend ausgerüstet. Dagegen fehlen häufig die gebräuchlichsten Alltagsmaterialien.

Solche alltäglichen Materialien sind in der Regel nicht glatt und gefällig. Die häufigsten Einwände: „Kinder könnten sich daran verletzen ...," „Außerdem haben wir keinen Platz ...," „Was sagen die Eltern?" und „Wir sind doch keine Müllkippe".

### Reggio-Pädagogik – beispielhaft in Sachen Materialangebot

Die sogenannte Reggio-Pädagogik wurde zuerst in den kommunalen Kinder tagesstätten der norditalienischen Stadt Reggio Emmilia praktiziert. Das Kind wird als kompetenter Forscher und Entdecker gesehen. Die Kitas haben dort kaum fertiges Spielzeug, aber jede Menge Umweltmaterialien.

In der sog. „Remida", einer Sammelstelle für Materialien, können Gewerbebetriebe der Umgebung wiederverwertbares Material (z.B. Metall, Holz oder Kunststoffabfälle) abgeben. Dort werden die Materialien geprüft, gereinigt, sortiert und können von Kita-Beschäftigten und Kindern zum Werkeln und Gestalten abgeholt werden. „Remida" leitet sich her von „Midas" – ein König im alten Griechenland, unter dessen Händen alles zu Gold wurde – und „Re" als Abkürzung für Reggio Emmilia, aber auch für Recycling. In Deutschland gibt es eine „Remida" in Hamburg.

## Tipps zur Materialbeschaffung

- Kooperieren Sie zur Materialbeschaffung mit Handwerksbetrieben, Firmen und Geschäften in der Umgebung.
- Machen Sie – themenbezogen – Sammelaufrufe bei den Eltern (aber nicht zu viel annehmen, sonst lässt sich das Material nicht mehr sinnvoll verwalten).
- Heben Sie bestimmte Verpackungen auf (vorher säubern, Verletzungsmöglichkeiten beseitigen). Welche interessant sind, sollten auch die Kinder mitentscheiden.
- Lagern Sie Umwelt-Material und Reste möglich sichtbar in durchsichtigen Kisten in einem Regal in der Werkstatt oder im Atelier (bzw. in einer „Kreativ-Ecke") – Reserven in einem speziellen Materialraum.
- Standard-Ausrüstung: Papier, Borstenpinsel, Kleister, Farben, Ton, dicke Malstifte, Kreiden, Malkittel, Schraubgläser für Farben etc. sollten ebenso sichtbar und zugänglich in einem Regal aufbewahrt werden. Gefährliche Dinge lagern Sie in einem abschließbaren Schrank oder Fach.
- Wichtig sind erkennbare Strukturen, (z. B. Papier zusammen, Stoffe zusammen etc.), Übersicht (Bildsymbole erleichtern die Zuordnung) und Ordnung (immer mal wieder aufräumen und ausmisten).
- Vereinbaren Sie Nutzungsregeln mit den Kindern.
- Geben Sie Gelegenheit, fertige Kunstwerke an speziellen Plätzen in der Kita auszustellen.

Wenn Sie wenig Platz in Ihrer Kita haben – finden Sie kreative (Zwischen-) Lösungen und Kompromisse.

## Tipps für die Praxis

- Leiten Sie Kinder zu verantwortungsvollem Umgang mit Natur und Umwelt an (Nachhaltigkeit). Dazu gehören Müllvermeidung, Mülltrennung und Wiederverwertung.
- Neben Fertigspielzeug und der gängigen „Standard-Ausstattung" sollten Alltagsmaterialien einen festen Platz in der Kita finden. Wie wäre es hin und wieder mit einer spielzeugfreien Woche? Wenn genügend andere Materialien vorhanden sind, werden Kinder gekauftes Spielzeug kaum vermissen.
- Veranstalten Sie einen Themen-Tag: „Hier glitzert es" oder „Heute wird gebürstet", zu dem Material gesammelt bzw. mitgebracht wird.
- Kinder brauchen Gelegenheit und Zeit, sich von einem Material inspirieren zu lassen. Also: erst ausprobieren, mit allen Sinnen erforschen, bevor es ans Werkeln und Gestalten geht.
- Kinder finden beim künstlerischen Gestalten ihren eigenen, individuellen Ausdruck. Das Kind legt seine Innenwelt, seine eigenen Bilder, Gedanken, Träume, Ängste nach außen. Kunst ist nur dann ein individueller Schaffensprozess, wenn Sie auf fertige Schablonen verzichten und keine festgelegten Ergebnisse erwarten. Wer nur das „Schöne" sucht, wird alles andere als hässlich und unzulänglich abwerten.
- Das heißt natürlich nicht, dass Kinder keine Anleitung und Unterstützung benötigen. Manchmal kommen sie an ihre Grenzen, resignieren vorschnell. Dann brauchen sie Ermutigung, z.B. wenn es darum geht, eigene Ideen zu konkretisieren oder mit Werkzeugen umzugehen.
- Vermeiden Sie Werturteile. Lassen Sie sich besser etwas zu Bildwerken erzählen – „Was hast du dir gedacht?"
- Der Umgang mit Material erfordert feinmotorisches Geschick. Da heißt es: Hammer und Säge ausprobieren dürfen. Auch Pädagogen sollten ihre handwerklichen Fähigkeiten entwickeln und pflegen.

- Das Anschauen von „Schrott"-, Recycling-, und Objekt-Kunst bekannter Künstler (in Bildbänden oder real bei einem Museumsbesuch) ist gerade für Kinder faszinierend.
- Beispiel: Die „Nagel-Objekte" von Günther Uecker oder die Objekt-Kunst von HA Schult, Daniel Spoerri, Arman, Joseph Beuys. Auch Pablo Picasso nutzte zeitweilig Gegenstände des alltäglichen Gebrauchs als künstlerisches Material (z. B. schuf er den bekannten „Stierschädel" aus einem Fahrradsattel und einem -lenker oder eine „Gitarre" aus Karton und Schnur).

### Was ist was?

- **Recycling-Kunst:** Weiterverarbeitung von Abfallprodukten zu Kunstobjekten bzw. Alltagsgegenständen (als „Spiegel" der Wegwerfgesellschaft).
- **Collage:** Durch Aufkleben einzelner flacher Elemente (z. B. Papier) wird ein neues Ganzes geschaffen.
- **Assemblage (Montage):** Dreidimensionale Form der Collage aus plastischen Objekten (z. B. Dosen, Schachteln).
- **Objekt(-Kunst):** Vorgefundene (Alltags-)Gegenstände werden -bearbeitet oder unbearbeitet- zum Kunstwerk umfunktioniert (vgl. auch „Objekt trouvé" oder „Ready made").
- **Plastik:** Allgemein für dreidimensional gestaltete Formen. Speziell: Modellieren (z. B. mit Ton, Gips o. Ä), wobei das Material additiv zugefügt bzw. aufgebaut wird.
- **Skulptur:** Eine gewünschte Form wird aus einer Masse (subtraktiv) durch Entfernen von Material herausgearbeitet (z. B. beim Schnitzen, Bildhauern).

# ALLES RUND UM DIE KÜCHE

Unsere Lebensmittel sind heute in der Regel haltbar und hygienisch verpackt – und das oft mehrfach. Lose Waren gibt es immer seltener. Die Schattenseite dieser Entwicklung: im privaten Haushalt – und manchmal auch in der Kita – findet sich ein Sammelsurium unterschiedlichster Verpackungen (vieles aus Kunststoff), die nicht mehr gebraucht werden: Ob Joghurtbecher, Eierkarton, Teebeutel, Blechdose, Flasche oder Tetrapack: die Liste ist endlos. So wandern mehrmals täglich viele Verpackungen in den Mülleimer.

Sammeln Sie mit Kindern eine Woche lang den Müll, den sie in der Kita nach dem Frühstück produziert haben: Bonbonpapier, Gummibärchentüte, Bananenschale, Brotrinde, Alufolie etc. Gesammelt wird in verschiedenfarbigen Behältern. So wird gleich das Thema „Mülltrennung" bewusst. Am Ende kommt die Bilanz: „Wir erzeugen ganz schön viel Abfall!"

Zeigen Sie den Kindern, dass man Joghurtbecher, Marmeladengläser, Dosen oder PET-Flaschen sauber auswaschen und aufheben kann. Sogar Teebeutel müssen nicht gleich entsorgt werden. Wer hätte gedacht, dass man damit noch ein Bild gestalten könnte. Und der verschrumpelte Apfel aus der Brottasche? Halt stopp! Der Apfel kann – wenn schon nicht mehr essbar – in zwei Hälften geteilt und zum Drucken benutzt werden, ebenso wie die schrumpelige Kartoffel aus der Küche.

Deshalb sollte das Motto lauten: Erst einmal nachdenken, bevor wir entsorgen. Schon Kinder können aufmerksam sein und mitüberlegen, was weg kann und was (noch) aufgehoben werden sollte. Dazu brauchen wir Achtsamkeit bzw. Beobachtungsgabe, Wissen über Natur- und Umweltschutz und natürlich jede Menge Fantasie. Wegwerfen geht später immer noch!

# Glaslaterne aus Marmeladengläser

**Material:**

**Für eine Laterne:** ein kleines und ein großes Marmeladen- oder Einwegglas
**Für die Füllung:** Blütenblätter, Gras, Tannenzweige, durchsichtige Perlen o.Ä.,
pro Laterne ein Teelicht
**Für die Variation:** Transparentpapier, Tapetenkleister, Wasser

Die Kinder stellen das kleine Glas in das große (mit einem Zwischenraum von
ca. 2–3 cm) und füllen den leeren Raum zwischen dem großen und dem kleinen Glas mit ausgewählten Materialien (z.B. mit Blütenblättern, Gras, durchsichtigen Perlen, Tannenzweigen usw.).
Stellt man nun in das innere Glas ein Teelicht und zündet es an, so leuchtet
das innere Licht durch die Materialien nach außen und erzeugt interessante
optische Effekte und eine schöne Atmosphäre.

**Variation:** Die Kinder können auch jedes Glas einzeln gestalten. Dazu einfach
Kleister mit Wasser anrühren und das große Glas damit von außen ganz oder
teilweise einstreichen. Transparentpapier in kleine Stücke reißen und diese
von außen auf das Glas drücken. Nach dem Trocknen kann man die Gläser mit
einem angezündeten Teelicht im Zimmer aufstellen.

### Abdeckfolie, Kittel und Co.

- Für die meisten folgenden Techniken werden Abdeckfolie bzw. Wachs-
  decken für Tisch und Fußboden sowie Malkittel (z.B. abgeschnittenes
  Herrenoberhemd) zum Schutz der Kinderkleidung benötigt. Dies wird als
  bekannt vorausgesetzt und nicht bei jedem Angebot in der Materialliste
  angegeben.

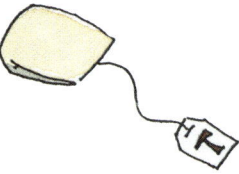

## Pappmaschee mit Eierkartons

Eierkartons, lauwarmes Wasser, Tapetenkleister, Schüsseln
Für die Variation: Sand, Papierschnipsel, Pappe, Fingerfarbe oder Temperafarbe

**Vorbereitung:** Die Kinder zerreißen die Eierkartons in viele kleine Stücke und geben sie in eine Schüssel. Dann gießen sie lauwarmes Wasser darüber. Die Masse muss einige Stunden weichen bzw. quellen. Dann den Tapetenkleister (nach Packungsanleitung hergestellt) dazugeben und alles verkneten.
Nun können die Kinder in dem weichen Brei nach Herzenslust herummatschen. Bei Bedarf kann die Masse auch in mehrere kleine Schüsseln aufgeteilt werden. Ein sinnliches Vergnügen für den Tastsinn und schon bei Krippenkindern beliebt.

**Variation ab 3 Jahren:** Die Kinder geben zusätzliche Materialien hinzu (z. B. Sand oder Papierschnipsel) und streichen die Masse auf Pappe. Nach dem Trocknen ist ein (plastisches) Bild entstanden.

**Variation ab 4 Jahren:** Je nachdem, wie hoch der Eierkartonanteil ist, lässt sich die Masse auch zu Schalen oder Figuren modellieren. Auch Obst (z. B. Apfel und Banane) oder Lebensmittel (z. B. Brot oder Brötchen) für den Kaufladen lassen sich daraus formen. Die Kunstwerke ein paar Tage trocknen lassen und mit Fingerfarbe oder Temperafarbe anmalen.

## Malvergnügen mit Teebeuteln

mehrere gebrauchte Teebeutel, Temperafarben, Wasser, 3–4 Gläser, große Blätter (z. B. Tapete)

Geben Sie Temperafarben in Gläser und mischen Sie Wasser dazu. Bieten Sie den Kindern gebrauchte Teebeutel an. Was kann man damit tun? Zieht man sie über Papier, hinterlassen sie vielleicht Spuren aus farbigem Tee. Taucht man sie in Farbe und bewegt sie dann über oder auf dem Papier, so entstehen interessante Spuren.

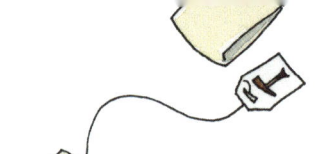

## Handpuppen aus Joghurtbechern

+5

**Material:**

große Joghurtbecher (jeweils 2 Becher für eine Handpuppe), Alleskleber (frei von Lösungsmitteln), Scheren, Reste: z.B. Papier, Stoff, Wolle, Fell, Korken, alte gereinigte Topfkratzer, Obst- oder Gemüsenetze

Wie gestalten wir aus einem Joghurtbecher eine Handpuppe? Zwei Joghurtbecher werden an den unteren, geschlossenen Seiten mit Alleskleber zusammengeklebt. Nach dem Trocknen probieren die Kinder aus, auf welche Weise sie den oberen Becher als Kopf bzw. Gesicht mithilfe diverser Materialien gestalten können, z.B. Haare mithilfe von Pelz, Wolle oder Gemüsenetzen, Papierschnipsel als Augen, ein Korken als Nase ankleben usw. Der Kreativität sind keine Grenzen gesetzt!

Am Ende treffen sich alle Mitspieler zu einem Puppenspiel. Wenn die Kinder mit der Hand in den unteren Becher schlüpfen, können sie die Puppe im Spiel hin- und herbewegen.

# Mosaik aus Eierschalen

## Material:

Eierschalen (z. B. von Rührei), Tapetenkleister, Wasser, Fingerfarbe, dicke Pappen
Für die Variation: Sand, Deckel von Schuhkartons

Eierschalen müssen nicht gleich in die Biotonne wandern. Man kann sie auch in warmem Wasser reinigen und in einer Kiste aufheben. Sind genug Schalen gesammelt, so gehen Sie ans Werk. Sollen die Schalen möglichst grob oder fein zerbröselt sein?
Die Kinder gestalten ein Mosaik, indem Sie Pappe mit Tapetenkleister einstreichen (eventuell zusätzlich mit Fingerfarbe einfärben) und anschließend die Eierschalen-Stückchen darüber streuen.

**Variation:** Rühren Sie Tapetenkleister mit Wasser an, sodass eine flüssige Masse entsteht. Die Kinder geben anschließend Sand hinein, verrühren die Masse mit den Händen und füllen Sie in den Deckel eines Schuhkartons. Jetzt alles schön gleichmäßig verstreichen und dann Eierschalen in die Masse hineindrücken. Nach dem Trocknen ist das Bild fest und hart und darf als Relief ausgestellt werden.

## Kleben: kinder und umweltfreundlich

Wenn im Folgenden von „Alleskleber" (Bastelkleber) die Rede ist, so ist damit immer lösungsmittelfreier Klebstoff gemeint. Lösungsmittel können Gesundheit und Umwelt belasten. Für Kinder leicht zu verwenden sind handliche Klebestifte. Alternativen zu fertig gekauftem Kleber: Tapetenkleister oder Mehl-Wasser-Kleber (siehe Seite 49), allerdings eignet er sich nur für bestimmte Materialien, bevorzugt für Papier.

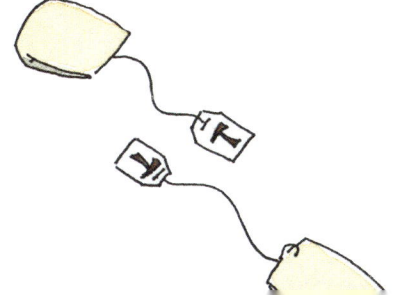

# Fließtechnik auf Filterpapier

+3

**Material:**
Rundfilterpapier oder Filtertüten, Temperafarben, Wasser (in Gläser oder Schäl-chen geben), Pinsel, Tapete
Für die Variation: Wäscheklammern

**Hinweis:** Sie können benutzte Kaffeefiltertüten trocknen lassen, ausleeren und für „Kinderkunst" wiederverwenden.

Bitte erst einmal das Filter-Papier mit den Händen erfor-schen! Was kann man damit alles machen? Zu schade, dass sol-ches Papier recht langweilig aussieht. Deshalb ein wenig Farbe darauf zaubern, z.B. Temperafarben (mit Wasser gemischt) mit dem Pinsel auftragen und sehen, was geschieht. Auf dem saugfähigen Papier laufen Far-ben wunderbar ineinander. Nach dem Trocknen kann man die verschiedenen Papiere auf eine große Tapetenbahn zu einem Wandbild kleben.

**Variation:** Wollen wir mal fliegen? Dann einfach zwei bemalte Filtertüten an den unteren schmalen Seiten raffen und seitlich in eine Wäscheklammer ste-cken. Schon haben wir ein „Flugobjekt" (z.B. Schmetterling, Düsenflieger ), das wir durch den Raum „fliegen" lassen.

### Kreativität braucht Freiräume
Lassen Sie den Kindern genügend Zeit und Raum zum Ausprobieren. Manch-mal finden sie zu ganz eigenen, originellen Lösungen. Nicht immer entsteht am Ende das, was Erwachsene vorher geplant hatten. Lassen Sie kreatives Gestalten zu einem offenen Prozess werden.

# Druck-Grafik mit Obst- und Gemüseresten

## Material:
Reste von Kartoffeln, Äpfeln, Apfelsinen, Zitronen, Gurken, Paprika, große Papierbögen (z.B. Tapete), Finger- oder Temperafarbe, breite Schälchen
Für die Variation: färbendes Obst oder Gemüse (z.B. rote Beete, Rotkohl) oder Reste von Obst- oder Gemüsesäften (z.B. Möhren- oder Rote-Beete-Saft)

Schneiden Sie Kartoffeln, Äpfel o.Ä. in Hälften. Geben Sie Farbe in Schälchen. Lassen Sie die Kinder experimentieren, was sie mit dem aufgeschnittenen Obst oder Gemüse tun können. Vielleicht entdecken sie, dass man die Lebensmittelreste in Farbe tauchen und auf Papier abdrucken kann.

Variation: Geben Sie den Kinder Reste von färbendem Obst oder Gemüse zum Drucken. Zusätzliche Farbe ist hier oft nicht nötig. Mit Resten von Obst- oder Gemüsesäften können Kinder mit den Händen oder mit einem Pinsel malen.

Hinweis: Wählen Sie nur Nahrungsmittel-Reste aus, die nicht mehr essbar, aber noch nicht verdorben sind.

### Lebensmittel für kreative Aktionen?
Aus ethischen Gründen empfehle ich, den Kindern Lebensmittel (z.B. Kartoffeln zum Drucken) nur dann anzubieten, wenn sie schon etwas eingetrocknet sind und sich nicht mehr zum Kochen bzw. Essen verwenden lassen. Sie dürfen allerdings nicht verdorben sein.

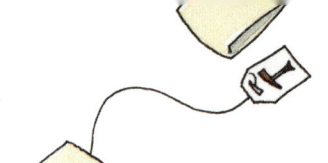

## Kerzenzauber

 +5

**Material:**

Kerzen-Reste (alternativ selbst gefertigte Wachsmalstifte – siehe Seite 51), festes Papier, Tempera-, bzw. Wasserfarbe (evtl. Tinte)

Kann sich jemand vorstellen, dass man beim Malen zaubern kann? Wer es ausprobieren möchte, der nimmt Kerzenreste und zeichnet auf festem Papier (Striche, Kreise, Wellen oder etwas Gegenständliches). Nun wird das Ganze mit Farbe bzw. Tinte übermalt. Dabei ist es wichtig, dass die Farbe vorher mit ausreichend Wasser verdünnt wurde. Sie soll nicht deckend wirken.
Was passiert? Die Farbe perlt überall dort ab, wo Wachs aufgetragen wurde. So entstehen interessante Strukturen und optische Effekte.

## Tropfbilder mit Kerzenresten

 +5

**Material:**

farbige Kerzen-Reste, große Wasserschüssel
Für die Variation: große Bögen Papier

Zünden Sie eine Kerze an und warten Sie solange, bis sich flüssiges Wachs gesammelt hat. Dann wird die Kerze umgedreht, sodass der Docht nach unten weist. Die Kerze wird in 5–10 cm Entfernung über eine große Wasserschüssel gehalten, sodass das Wachs auf die Oberfläche tropft, erkaltet und in Form von festen Tropfen zu schwimmen beginnt.

**Variation:** Die Kinder lassen das Wachs auf Papier tropfen.

**Hinweis:** Diese Technik nur unter Aufsicht und mit Sicherheitshinweisen anbieten.

# Eisstiel-Spachtel-Spaß

+3

**Material:**

viele saubere Eisstiele, nach Wahl: Fingerfarbe und Papier oder Ton
Für die Variation: Holzleim oder Alleskleber, Pappe

Benutzte und gereinigte Stiele von Speiseeis kann man später als Spachtel verwenden, z.B. um Fingerfarbe dick auf Papier aufzutragen oder um Ton schön glatt zu streichen. Man kann mit den Stielen auch Muster in Ton (-Platten) ritzen oder die Stiele in den Ton stecken, sodass interessante Objekte entstehen.

**Variation:** Ältere Kinder (ab 5 Jahren) möchten die Eis-Stiele vielleicht mit Alleskleber auf Pappe zu einem Muster oder zu gegenständlichen Darstellungen kleben. Mit Holzleim lassen sich die Eis-Stiele zu dreidimensionalen Objekten zusammenfügen. Eventuell später anmalen.

## Meine kleine Stadt aus Tetrapacks

**Material:**

viele Tetrapacks (leer und ausgewaschen), Farbe, Pinsel (alternativ Tapetenkleister und Papierreste), Filzstifte, Pappe, Bierdeckel, Scheren, Klebstoff

Die Tetrapacks werden zunächst mit Wasser innen gereinigt und getrocknet. Anschließend besteht die Möglichkeit, die Packs mit Pinsel und Farbe anzumalen oder mit Papierresten und Kleister zu bekleben.

Wie kann daraus ein Haus entstehen? Vielleicht Türen und Fenster mit einem Stift oder mit Farbe aufmalen oder Quadrate bzw. Rechtecke aus Papier aufkleben? Ein Dach aus Pappe bzw. Bierdeckeln obendrauf anbringen?

Aus vielen Tetrapack-Häusern wird eine Stadt. Zum Schluss können die Kinder die fertigen Häuser auf eine Platte stellen und mit kleinen Spielzeugen (z.B. Autos, Bäumen, Figuren) zu einem bunten Stadtbild zusammenfügen.

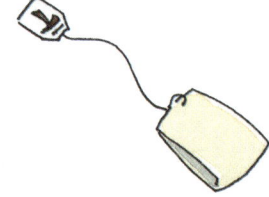

# Dosen-Fabrik

**Material:**

Dosen (z.B. Konservendosen, Getränkedosen, Chipsdosen), eventuell Isolierband, Tapetenkleister oder Klebestifte, Papierreste (z.B. von Geschenkpapier), Geschenkbänder, Federn, Stoffreste

Für Variation 1: Heißkleberpistole (Niedrigtemperatur), nach Wahl: Kronkorken, Papprollen, Eierkartons, Schachteln, Joghurtbecher, Stahlwolle

Für Variation 2: Hammer, spitzer Nagel, dickes Holzstück, Teelicht

Zunächst scharfe Kanten und Ecken an Dosen mit Isolierband abkleben. Bei Konservendosen Etiketten entfernen, z.B. durch Einlegen in ein Wasserbad. Nun wird die Dose außen bunt mit Papierschnipseln, Geschenkbändern, Stoffresten, Federn gestaltet, die mit Kleister oder mit Klebestift aufgeklebt werden. Die fertigten Dosen lassen sich weiter verwenden als Blumentopf, Aufbewahrungsbox für Stifte/Kreiden oder als Rasseldose (mit Reis oder Erbsen füllen, oben Folie drüberziehen und mit Gummiband fixieren).

**Variation 1:** Ältere Kinder (6 bzw. 7 Jahre) haben vielleicht Lust, einen Roboter zu bauen. Dazu wird eine größere Dose als Rumpf verwendet. Mit einer Heißkleberpistole kann eine kleinere Dose als Kopf aufgeklebt werden. Dann werden Beine und Arme angeklebt. Mit allerlei Resten (z.B. Papprollen, Schachteln, Kronkorken usw.) bekommt der Roboter sein individuelles Aussehen. Jüngere Kinder können den Roboter, anstatt ihn zu kleben, flach auf dem Boden gestalten. Nicht fest geklebt kann er immer wieder verändert werden.

**Variation 2:** Wie wäre es mit einer Dosen-Laterne? Dazu mit einem spitzen Nagel und einem Hammer ringsum viele Löcher in die Dose klopfen (innen Holzstück einlegen, sodass beim Klopfen ein fester Untergrund besteht). Zum Leuchten später Teelicht einstellen.

# Tetrapack-Spielhaus

## Material:

viele Tetrapacks (leer und ausgewaschen), Altpapier, Doppelseitiges (Teppich-) Klebeband, Klarsichtfolie (z. B. Malerfolie oder Mülltüten), evtl. Holzpaletten als Untergrund

Ein großes Haus in Kinderhöhe – kein Problem! Dazu müssen viele Packs gesammelt werden. Sind genügend Packs (Bausteine) vorhanden, werden sie gereinigt, mit Altpapier gefüllt und zugeklebt.

Nun beginnt der Hausbau. Für einen ersten Versuch einfach die Steine zu einer Mauer übereinanderstellen. Vermutlich wird das Bauwerk irgendwann einstürzen. Deshalb ist es besser, mehrere Tetrapacks zu einem großen Baustein zu verbinden (mit doppelseitigem Klebeband) und den Großbaustein eventuell zusätzlich mit Folie zu umwickeln. Nun bauen die Kinder aus den Großbausteinen das Haus. Soll es im Freien gebaut werden, einfach Holzpaletten als Unterbau benutzen. Wie gestalten wir das Dach? Vielleicht aus einem zerlegten Umzugskarton? Oder gibt es andere Ideen?

**Bitte sammeln!**

Da wir in der Kita Müll vermeiden möchten, wird es dort vermutlich nicht ausreichend Tetrapacks geben. Müllvermeidung beginnt bekanntlich schon beim Einkauf. Deshalb: Sammelaufruf an die Eltern weiterleiten (per Aushang oder mündlich auf einem Elternabend).

# PET-Flaschen bunt gestalten

+3

## Material:

gebrauchte und gereinigte PET-Flaschen (Etiketten durch Einweichen in Wasser entfernen), je nach Weiterverwendung: Tapetenkleister, Reste von Transparent- oder Seidenpapier, alternativ: Farbe (z. B. Acryl-Farbe), Pinsel
Für die Variation: Schere oder Cuttermesser

Die Flasche soll farbig gestaltet werden. Dazu gibt es verschiedene Möglichkeiten:

- Die Kinder streichen jeweils die gesamte Flasche mit Tapetenkleister ein und bekleben sie mit Resten von Transparent- oder Seidenpapier. Fertig beklebte Flaschen kann man mit ein wenig Reis oder mit Erbsen füllen, sodass sie zu Rassel-Flaschen werden.
- PET-Flaschen lassen sich auch bemalen, z.B. mit Acrylfarbe. So entsteht vielleicht ein hoher (Leucht-) Turm. Auch Gesichter kann man aufmalen und die Flaschen zu Figuren werden lassen. Füllt man Sand hinein, so lassen sich die Flaschen auch als Kegel fürs Kinderbowling verwenden.

**Variation:** Trennen Sie das untere Drittel der PET-Flasche mit einer Schere oder einem Cuttermesser ab. Die Kinder bekleben oder bemalen den unteren Teil der Flasche wie oben beschrieben. Das abgeteilte Ende lässt sich später als Vase, Blumentopf oder als Blumenampel verwenden. Für die Blumenampel rechts und links ein Loch bohren, Bindfaden anknoten, Blumenerde und Pflanze hin eingeben und ins Fenster hängen.

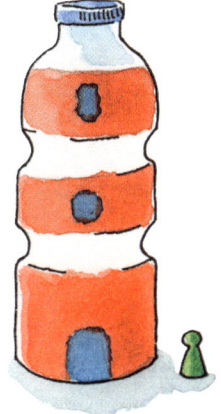

# Große Modenschau mit Plastiksäcken

## Material:

große Müllsäcke, diverse Materialien: Papierreste, Stoffreste, Schachteln, PET-Flaschen, Geschenkbänder, Kronkorken, Wäscheklammern, Klebeband, Schere, Alleskleber

**Hinweis:** Erklären Sie den Kindern, warum man Plastiktüten aus Sicherheitsgründen nicht im Kopfbereich verwendet. Kinder stets aufmerksam beobachten!

Wir entwerfen unsere eigene „Abfall-Recycling-Mode"! In kleinen Gruppen wird jeweils ein Kind „eingekleidet", d.h. es erhält z.B. einen Müllsack als „Kleid" oder „Mantel". Dazu kann man Ärmellöcher zum Hineinschlüpfen in den Müllsack schneiden. Die übrigen Kinder sollen nun das „Modell" mit Resten weiter „schmücken". Dazu sollen sie Reste von Stoff, Papier oder Pappe mit Alleskleber oder Klebeband auf das Mülltüten-Kostüm kleben. Sogar Kronkorken kann man mit ein wenig Geschick anbringen.

Vielleicht erhält das Modell noch einen Kragen aus Zeitungspapier, einen Hut aus einem alten Karton, ein Schleppe aus Bändern und PET-Flaschen, ein Zepter aus einer Spülbürste.

Zum Schluss gibt es eine Modenschau, bei der die Recycling-Kostüme präsentiert werden.

# AUF INS BADEZIMMER

Der Waschraum kann in der Kita zu einem Experimentier- und Erlebnisraum werden. Hier besteht die Möglichkeit, mit Wasser zu plantschen, mit Seife und Schaum auf Spiegeln zu malen oder sich mit Creme und Körperfarbe einzureiben.

Kinder begegnen vielfältigen Materialien, die ihnen sinnliches Vergnügen bereiten. Beim Umgang mit Wasser im Waschraum verhalten wir uns – bei allem Spaß an dem kühlen Nass – auch ökologisch. Hände waschen muss sein, und das oft mehrmals am Tag. Es muss aber nicht sein, dass dabei endlos lange das Wasser läuft.

Sauberes Restwasser (z. B. von Wasserspielen) kann man in PET-Flaschen füllen. Man kann sie im Sommer draußen zum „Wasser-Malen" auf trockenem Untergrund, zum Gießen von Blumen oder als „Erfrischungs-Brausen" verwenden (dazu einfach Löcher in die Flaschen bohren, sodass Wasser dünn heraustritt).

Bad und Waschraum können zu einer Fundgrube für vielerlei Gegenstände werden. Wie lassen sich alte (gereinigte) Schwämme, Nagelbürsten, Zahnbürsten oder Shampoo-Flaschen wieder verwenden? Muss die leere Zahnpasta-, Haargel- oder Sonnencreme-Tube direkt in den gelben Sack oder können wir sie nicht „retten" und etwas Sinnvolles daraus gestalten? Was gestalten wir aus Waschmittelboxen oder Wäscheklammern? Sogar ein alter Spiegel erstrahlt – mit viel Fantasie – zu neuem Glanz.

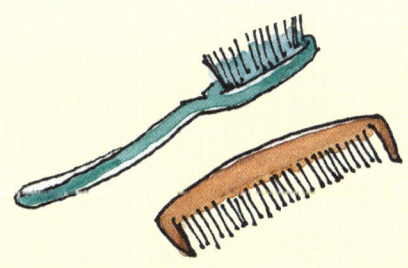

## Schwammdruck

### Material:

alte Schwämme, Temperafarben oder Fingerfarben, mehrere Schälchen/Schüsseln für Farben bzw. Wasser, Tapetenrolle

Lassen Sie die Kinder mit Wasser und Schwämmen experimentieren, z.B. im Waschraum oder draußen auf dem Freigelände im Sommer. Trockene Schwämme in Wasserschüsseln oder Waschbecken zu tauchen und sie wieder auszudrücken, ist ein sinnliches Erlebnis für die Hände. Decken Sie einen Tisch oder den Boden mit Tapetenrolle ab (Tapete evtl. mit Klebeband fixieren) und füllen Sie Farben in Schälchen ein. Geben Sie den Kindern Schwämme als Stempel – entweder ganz oder zuvor mit einer großen Schere in handliche Stücke geschnitten.
Nun können die Kinder ihren Schwamm in Farbe tauchen und ihn dann mehrmals auf das Papier drücken, sodass interessante Stempel-Spuren entstehen.

**Hinweis:** Stempeln klappt oft nicht auf Anhieb. Manchmal benutzen Kinder die Stempel wie Pinsel. Geben Sie den Kindern Raum zum Experimentieren und Entdecken.

## Schneegestöber mit Kosmetikwatte

### Material:

Fotokarton (möglichst blau oder schwarz), Reste von Watte, Klebstoff (Kleister oder Klebestift)

Die Kinder formen aus der Watte viele kleine Kugeln. Die Kugeln werden befühlt, angepustet usw. Wer möchte auf Papier Schneeflocken entstehen lassen? Dazu einfach Tapetenkleister mit Wasser anrühren, viele Tupfer davon mit dem Finger auf die dunkle Pappe geben (ältere Kinder können auch Klebestifte nehmen) und nacheinander die kleinen Schneekugeln in Abständen auf den Klebstoff drücken. Schon schneit es auf dem Blatt.

## Deoroller-Bilder

### Material:

leere Deoroller, Fingerfarben, Schälchen für die Farbe, Tapetenrolle

Die Kinder klecksen Fingerfarbe auf die Tapete und verteilen die Farbe mithilfe des Deorollers auf dem Blatt. Die Farben können auch nacheinander zum Einsatz kommen. Auf diese Weise verlaufen sie nicht so stark ineinander und die einzelnen Farbspuren sind deutlicher sichtbar.

**Variation:** Die Farbe kann auch direkt in den Deoroller gegeben werden. Hierfür öffnen Sie vorsichtig einen Deoroller, reinigen ihn und füllen mit Wasser verdünnte Farbe hinein. Anschließen hinterlässt er beim Malen einfarbige Spuren auf dem Papier.

**Hinweis:** Die Fingerfarben können aus Tapetenkleister und Farbpigmenten selbst hergestellt werden, oder Sie verwenden bereits fertige Farben.

## Malspaß mit Rasierschaumflocken

### Material:

Rasierschaumreste (ersatzweise Sprühsahne) aus gesammelten Sprühdosen (bei den Eltern um Spenden bitten), Fläche zum Bemalen (z.B. alter Spiegel, dicke Folie, abwaschbarer Tisch)

Am besten im Bad, Waschraum oder draußen ausprobieren: Rasierschaum können die Kinder am eigenen Körper erfahren, indem sie ihn auf verschiedene Körperteile sprühen und dort mit den Händen verteilen. Kinder finden es auch sehr interessant, mit den Händen auf Spiegeln, Folie oder auf einem abwaschbaren Tisch zu malen. Das Angenehme ist: der Schaum verschwindet wieder wie von Zauberhand. Statt Rasierschaum können Sie auch Reste von Sprühsahne anbieten.

**Hinweis:** Starten Sie einen Spendenaufruf bei den Eltern. Leere Dosen können später im gelben Sack entsorgt werden.

# Die kleine Seifenwerkstatt

Seifenreste, Kochtopf, Metallschüssel (muss oben auf den Topf passen), Ausstechförmchen (für Plätzchen), Messer, Pfannenheber, Teigschaber, Schneebesen, Topflappen oder Küchenhandschuhe, Backblech

**Hinweis:** Es wird in der Küche am Herd gearbeitet. Topflappen bzw. Küchenhandschuhe bereithalten. Es wird heiß!

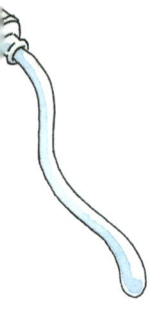

Schneiden Sie mithilfe älterer Kinder die Seifenreste in kleine Stücke. Dann legen die Kinder die Seifenstücke in die Metallschüssel und geben etwas Wasser dazu. Nun den Kochtopf mit Wasser füllen (etwa bis zur Hälfte), die Schüssel mit der Seife oben draufstellen.

Anschließend wird das Wasser bei mittlerer Temperatur erwärmt, während ein Kind immer wieder die Seife in der Schüssel mit dem Schneebesen durchrührt. Ist die Masse geschmeidig, den Topf vorsichtig vom Herd nehmen, die Seifen-Masse auf ein Backblech gießen, mit dem Schaber glatt streichen (Dicke der Schicht 2–3 cm) und etwas abkühlen lassen.

Nun mit den Ausstechförmchen viele Motive in die Masse drücken. Jedes einzelne Motiv mit dem Pfannenheber oder einem breiten Messer anheben und auf einem Brett weiter erkalten lassen. Kinderseifen im Waschraum auslegen.

# Seifenblasen – Marke „Eigenbau"

Wasser, Puderzucker-Reste, Reste von Geschirrspülmittel, Glycerin (Apotheke),
Schüssel, Messbecher, Blumendraht, Wolle oder Pfeifenputzdraht, Schere

**Vorbereitung:** Die Zutaten mischen und über Nacht stehen lassen.

- 3/4 Liter Wasser (am besten destilliertes)
- ca. 70 g Puderzucker
- 1/4 l Geschirrspülmittel
- 1 EL Glycerin

Die Kinder helfen beim Abmessen und Mischen der Zutaten. Nach der Einwirk-
zeit einfach eine Seifenblasen-Spirale in die Flüssigkeit tauchen, pusten und
die fertigen Seifenblasen fliegen lassen. Größere Mengen Seifenblasenflüs-
sigkeit eignen sich für großräumige Spielaktivitäten mit der ganzen Gruppe
im Freien.

**Hinweis:** Spiralen für Seifenblasen kann man selber machen: Dazu aus einem
Blumendraht eine Schlaufe mit einem Stil biegen und alles mit Wolle oder
Pfeifenputzdraht umwickeln.

## Wischspuren mit Zahnbürsten

### Material:

alte gereinigte Zahnbürsten bzw. Nagelbürsten (auch Bürsten aus der Küche), dicke Abdeckfolie, Klebeband, Fingerfarben
Für die Variation: mehrere weiße Papierbögen

**Hinweis:** Kochen Sie alte Zahn-, Nagel- oder Küchenbürsten vor der Weiterverwendung gründlich in einem Topf ab.

Decken Sie einen Tisch mit Plastikfolie ab und kleben Sie die Enden ringsum fest, sodass die Folie nicht verrutschen kann. Geben Sie Fingerfarben in mehreren Tupfen auf die Folie. Die Kinder können die Farbe auf der Folie mithilfe der Bürsten zu einem Groß-Bild bunt verteilen. Neben den Bürsten dürfen sie auch die Hände/Finger nehmen.

**Variation:** Am Ende können die Kinder einfach mehrere weiße Blätter auf die bunt beschmierte Fläche legen, andrücken, abziehen und schon haben sie einen „Einmal-Abdruck".

## Körpermalerei mit Creme

### Material:

Reste von Kinder-Wundcreme oder Kinder-Bodylotion, Lebensmittelfarbe, Schälchen

Reste von Kindercreme in Schälchen geben oder direkt in der Cremedose belassen und mit Lebensmittelfarbe vermischen. Die farbige Creme eignet sich zum Malen auf dem eigenen Körper.

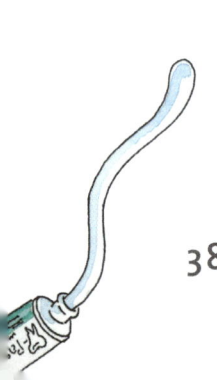

## Tuben kreativ verwenden

leere Zahnpasta-Tuben (auch Tuben von Haargel oder Sonnencreme) mit breitem Schraubverschluss, Schere, Tapetenkleister, Wasser, Farbe (z.B. Acrylfarbe, Plakafarbe)

Von einer leeren Tube den Boden abschneiden und die Tube mit Wasser auswaschen. Tapetenkleister mit Wasser anrühren. Die Kinder reißen Zeitungspapier in Stücke und bekleben die Tube ringsum damit, bis sie ganz mit Papier ummantelt ist. Nach dem Trocknen mit Farbe anmalen und – Verschluss nach unten – als schmale Blumenvase für eine Blüte oder als Halter für ein paar Buntstifte aufstellen.

**Hinweis:** Wer nicht kleben oder malen möchte, der verwendet die Tuben nach dem Abschneiden des Bodens gleich zum Schöpfen von Wasser bei Wasserspielen (schon für Kinder ab 2 Jahren).

## Lustige Waschlappengesichter

gebrauchte Waschlappen aus Frottee, Stofffarbe, Stoffmalstifte, Pinsel, Woll- und Stoffreste, Schleifenbänder, Knöpfe, Alleskleber

Die Kinder stülpen alte Waschlappen über jeweils eine Hand und beginnen damit, den Handschuh wie eine Spielpuppe zu bewegen. Dazu kann ein Reim oder Fingerspiel gesprochen werden. Soll der Handschuh ein Gesicht bekommen? Vielleicht auch Haare? Die Kinder legen Materialien aus der Restekiste oder aus dem Nähkästchen auf den Waschlappen. So werden Knöpfe vielleicht zu Augen, Wollreste zu Haaren usw. Die Materialien werden mit Alleskleber aufgeklebt oder angenäht. Gesichter und Haare kann man auch mit Stofffarbe oder mit einem Stift aufmalen. Fertig gestaltete Waschlappen können wie Handpuppen eingesetzt werden.

## Musikalische Shampooflaschen

 +3

**Material:**

leere Shampoo- bzw. Duschgelflaschen (Verschluss entfernen und mit Wasser ausspülen), Papierreste, Tapetenkleister, evtl. Farbe, Schleifenband, Reis, Erbsen, Glöckchen o.Ä.

Bei den gereinigten Flaschen den Einfüllpropfen herauslösen, Reis oder Erbsen einfüllen und alles wieder fest ver-
schließen. Die Kinder dürfen die Flaschen anschließend
außen bunt gestalten. Dazu reißen sie Papier in Schnipsel
und kleben sie mit Kleister auf die Fasche. Der Papierun-
tergrund kann noch zusätzlich mit Farbe angemalt werden. Eventuell noch bunte Bänder und Glöckchen an die
Flaschen binden. Schon haben wir ein Instrument zum
Schütteln und Rasseln.

### Badewannen- und Wasserspiele

Leere Shampoo- und Duschgelflaschen lassen sich auch als „Boote" für die Badewanne und für Wasserspiele zum Einfüllen, Ausleeren, Umfüllen verwenden.

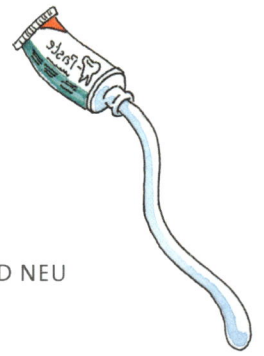

## Zahnpastabilder

+3

**Material:**

Zahnpastareste, schwarzer Karton, Pinsel (oder alte Zahnbürste), evtl. Schälchen

Sammeln Sie Zahnpastareste und geben Sie den Kindern die Reste (entweder direkt aus der Tube oder abgefüllt in Schälchen) zum Schmieren und Malen. Am besten wirkt Zahnpasta auf schwarzem Karton.

## Wäscheklammerspaß

+4

**Material:**

Wäscheklammern aus Holz, Farbe (z.B. Wasserfarbe), feine Pinsel, Joghurtbecher oder andere Kunststoffgefäße, Schere, Pappstreifen, Klebstoff, Filzstifte

Die Kinder malen Wäscheklammern ringsum mit Farbe an. Die kunterbunten Klammern können vielfältig weiter verwendet werden:

- Man kann sie ringsum an einen abgeschnittenen Plastikbecher stecken und dann als Blumenvase oder Blumentopf verwenden.
- Eine Krone entsteht, wenn die Kinder einen Pappstreifen an beiden Enden zusammenkleben und rundherum einige Klammern aufstecken.
- Klammern eignen sich als persönliches „Erkennungs-Zeichen". Dazu einfach auf das obere Ende der bemalen Klammer einen Kreis aus Papier kleben und ein Gesicht darauf zeichnen. Die „Klammer-Püppchen" können Kinder an ihre Garderobe oder Kleidung stecken, selbst gemalte Bilder damit zusammenklammern oder bei Spielen als Preis gewinnen.

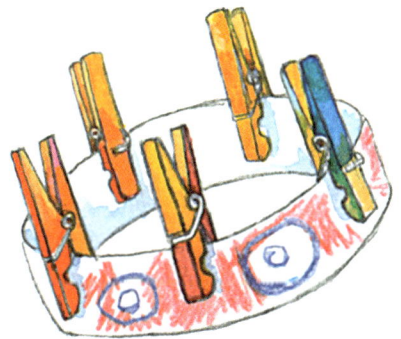

## Papierkorb aus Waschmittelboxen

**Material:**

leerer Waschmittelkarton (Großpackung) rund oder eckig, Papierreste, Klebstoff (z. B. Tapetenkleister mit Wasser, Alleskleber oder selbst gemachter Klebstoff aus Mehl und Wasser, vgl. Seite 49)

Für die Variation: weißes Papier und Farbe (z. B. Plakafarbe)

Die Kinder suchen sich farbige Papierreste aus der Restekiste und kleben sie mit Klebstoff ringsum auf den Karton. Wenn viele Kinder mithelfen, so entsteht schnell nach dem Trocknen ein Papierkorb für den Gruppenraum.

**Variation:** Weißes Papier zum Bekleben wählen und nach dem Trocknen den Karton mit Farbe anmalen.

**Hinweis:** Waschmittelboxen kann man ebenso zum Aufbewahren von Spielzeug bzw. Werkmaterial benutzen.

## Alter Spiegel wie neu

**Material:**

alter Wandspiegel, Sperrholz- oder Hartfaserplatte (ringsum mindestens 5 cm größer als der Spiegel), lösungsmittelfreier Montageklebstoff, Farbe (z. B. Plaka-, Acryl- oder Wasserfarbe), Pinsel, Schälchen, evtl. Wasser

Zuvor muss ein Erwachsener den Wandspiegel mit Montageklebstoff auf die Holzplatte kleben, sodass ringsum ein Rand (Rahmen) übersteht. Dieser Rand wird anschließend von den Kindern mit Farbe bunt angemalt. Zusätzlich können sie auch Effekte aufbringen, z. B. mit Alleskleber Glitzerstaub, Mosaiksteinchen oder Muscheln auf den Untergrund kleben. Je bunter desto besser. Dann kann der Kinderspiegel im Waschraum aufgehängt und bestaunt werden.

# FARBEN UND WERKSTOFFE AUS DEM ATELIER

Viele Kitas besitzen eine Mal- bzw. Werkecke, manchmal sogar einen separaten Raum, der eigens als Atelier bzw. Werkstatt eingerichtet ist. Farbe, Modelliermasse, Kreide, Stifte oder Kleber müssen nicht immer gekauft werden. Künstlerische Materialien lassen sich vielfach aus Küchenresten (z.B. Mehl, Salz, Quark, Obst, Gemüse oder Säfte), Erden, Kleister und Pigmenten selber herstellen.

Selbst gefertigte Materialien sind nicht nur preisgünstig. Sie sind zudem meist körperfreundlich, gut zu handhaben und können sogar bedenkenlos mal in den Mund wandern (für kleine Kinder deshalb besonders geeignet). Kinder sollen sich bei der Herstellung der Farben und Werkstoffen beteiligen und dabei Reste aus der Küche ökonomisch verwerten. Schauen Sie vor der Herstellung nach Materialien, die übrig sind, ohne verdorben zu sein.

Selbst gemachte Farbe und Modelliermasse hat den Vorteil, dass Kinder den Herstellungsprozess erleben und dabei wichtige chemisch-physikalische, motorische und sinnliche Erfahrungen machen können. Sie dürfen Konsistenz, Farbton und Intensität der Farben selber mitbestimmen. Nachteil ist, dass Selbstgemachtes nur begrenzt haltbar ist, oftmals schneller verblasst als industriell Gefertigtes und manchmal nicht ganz so intensiv und gesättigt wirkt. Dabei ergeben sich jedoch oft interessante Zwischentöne, transparente Farbaufträge und eine einzigartige Wirkung.

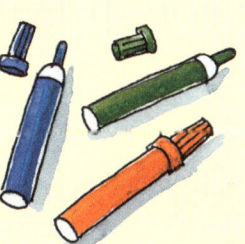

## Malen mit Kleister-Pigment-Farbe +2

**Material:**

Tapetenkleister, Schüssel mit Wasser, Farbpigmente, Schneebesen, große Papierbögen (z. B. Tapetenreste)
Für die Variationen: Pinsel (auch alte Zahnbürsten, Nagel- oder Spülbürsten)

 Tapetenkleister nach Packungsanleitung mit dem Schneebesen in Wasser anrühren (1 Tasse Kleister zu ca. 8 Tassen Wasser). Anschließend Farbpigmente einer Farbe einstreuen. Die Menge richtet sich nach der gewünschten Farbintensität.
Die Kinder können die Farbe mit den Fingern bzw. Händen auf dem Papier ausprobieren.

**Variation 1:** Es können auch Hilfsmittel wie dicke Pinsel, alte Zahnbürsten, Nagelbürsten und sogar Spülbürsten zum großflächigen Malen angeboten werden.

**Variation 2:** Wie wäre es mit Hand- oder Fußabdrücken? Die Kinder drücken ihre Hände in die Farbe, reiben die Hände anschließend gegeneinander (wie beim Händewaschen) und drücken sie dann auf Tapete ab. Wenn mehrere Kinder mit verschiedenen Farben diesen Versuch wiederholen, so gibt es ein buntes Gruppenbild. Diese Technik kann auch mit den Füßen wiederholt werden.

### Pigmente selbst gewinnen

Farb-Pigmente kann man im Künstler- oder Kiga-Bedarf erwerben. Sind momentan keine Pigmente verfügbar, so lassen sie sich selbst gewinnen: Dazu einfach farbige Schulkreide oder Brausepulver mit dem Mörser zerstampfen. Auch Lehm, Erde, Ziegelsteinbrösel sind geeignet. Pigmente kann man übrigens nicht nur mit Kleister, sondern auch mit Öl bzw. Eigelb mischen und als Malfarbe benutzen.

# Kleister-Papiere herstellen

+3

Tapetenkleister, Wasser, Plastikschüssel, festes Papier (z. B. Plakatkarton, Tapete, Packpapier), Fingerfarben oder Temperafarben
Für die Variation: Kamm, Gabel, geknülltes Papier, Holzstückchen

Tapetenkleister nach Packungsanleitung mit Wasser in einer Schüssel anrühren. Anschließend können die Kinder ein großes Blatt Papier oder Pappe damit einstreichen (Pinsel oder Hände verwenden). In einem weiteren Schritt mehrere Kleckse Farbe auftragen und großflächig verstreichen. Nun kommt die Zauberei: Was passiert, wenn man jetzt mit einem Finger auf dem Blatt Linien zeichnet?

**Variation:** Die Kinder zeichnen mit Gegenständen Linien in das Kleister-Farb-Gemisch, z. B. mit einem Kamm, einer Gabel o. Ä.

**Hinweis:** Getrocknete Kleisterpapiere eignen sich auch zum Einbinden von Büchern.

# Gestalten mit Quarkfarbe

+2

Magerquark, verschließbares Glas oder Rührschüssel, Löffel, färbender Pflanzensaft oder Lebensmittelfarbe, kaltes Wasser, Papier

**Vorbereitung:** Magerquark in ein verschließbares Glas füllen, kaltes Wasser dazugießen (ca. 1/3 Quark und 2/3 Wasser) alles gut verrühren oder im verschlossenen Glas schütteln. Abschließend die Farbe dazugeben und erneut verrühren.

Die Farbe wirkt matt, samtig, griffig, ist körperfreundlich und eignet sich nicht nur zum Schmieren auf Papier, sondern auch auf Spiegeln, Glas und auf dem eigenen Körper.

## Mehlfarbe für Schmierfinger

**Material:**

Mehlreste (Weizen- oder Kartoffelmehl), Schneebesen, Kochtopf mit Wasser, Farbpigmente (oder färbende Säfte von Obst und Gemüse), Malpapier

**Vorbereitung pro Farbe:** Mehl mit dem Schneebesen kräftig in Wasser einrühren und kurz aufkochen.

- 2 EL Weizenmehl
- ca. 400 ml Wasser (kalt)

Nach dem Erkalten können Farbpigmente, Lebensmittelfarben oder farbige Säfte in die weißliche Grundmasse eingerührt werden. Die fertige Farbe wird mit den Fingern bzw. Händen oder mit einem Pinsel auf Papier ausprobiert. Die Kinder können auch ihren eigenen Körper mit der Farbe bemalen.

**Hinweis:** Erhöhen Sie die Mengen der Zutaten, wenn sie mehrere Farben herstellen möchten. Die Farbe hält sich wenige Tage im Kühlschrank.

### Staffeleien und Malwände

Neben Malen am Tisch oder auf dem Fußboden (sitzend oder hockend) sollten Kinder Gelegenheit bekommen, auch stehend zu arbeiten. So können sie sich beim Gestalten frei bewegen und den ganzen Körper einbeziehen. Ideal dazu sind Staffeleien und Malwände in Kinderhöhe.

# Modellieren kinderleicht

+2

**Material:**
Mehl, Wasser, Tasse, Öl, Lebensmittelfarbe
Für die Variation: Salz

**Vorbereitung (für ca. 4 Kinder):** Vermengen Sie die Zutaten und fügen Sie zum Schluss die Lebensmittelfarbe hinzu.

- 6 Tassen Mehl
- 2 Tassen Wasser
- 2 El Öl
- Lebensmittelfarbe

**Hinweis:** Falls die Masse klebt, noch weiteres Mehl zufügen

Diese Knete lässt sich kinderleicht auch schon von den Kleinsten verarbeiten, da sie kein Salz enthält. Geben Sie jedem Kind eine kleine Portion Knetmasse und lassen Sie sie die weiche Masse mit den Händen ausprobieren (z.B. kneten, plattklopfen, zerpflücken, hineinbohren u.Ä.).

**Variation (für ältere Kinder):** Mehl und Salz miteinander vermengen und nach und nach das Wasser hinzugeben.

- 4 Tassen Mehl
- 2 Tassen Salz
- 2 Tassen Wasser

Nach der Phase des Ausprobierens wollen ältere Kinder aus dem Teig oft gegenständliche Dinge gestalten, z.B. Bälle, Perlen, Tiere, Obst oder Puppengeschirr.

## Drucken mit selbstgemachter Druckfarbe +4 😊 ▣

Zur Herstellung von Druckfarbe: Mehl, Kochtopf, Wasser, Schneebesen, Farbpigmente

Für den Druck: Glas- oder Plexiglasplatte, Druckwalze, dicke Pappe, Klebstoff, Schere, Papier für den Abdruck

**Vorbereitung (für ca. 4 Kinder):** Mehl und Wasser ca. 5 Min. bei mittlerer Hitze kochen und nach dem Erkalten Farbpigmente hinzufügen.

- 8 EL Mehl
- 8 EL kaltes Wasser
- 4 EL Farbpigmente

Die Druckfarbe lässt sich für unterschiedliche Techniken verwenden, z.B. für einen Druck mit Pappresten:

- Dazu schneiden die Kinder aus der Pappe Stücke aus oder verwerten vorhandene Reste aus der Restekiste. Die Stücke sollten eine klare Form besitzen (z.B. rund, quadratisch, rechteckig oder dreieckig) und sich gut greifen lassen. Nun wird Druckfarbe auf eine Glas- oder Plexiglasplatte gegeben und mit der Walze gleichmäßig verteilt. Anschließend können die Pappreste einzeln in die Farbe getaucht und auf sauberem Papier mehrmals abgedrückt werden.
- Die Pappreste können ebenso mit Klebstoff auf ein großes Stück Pappe (DIN-A4) geklebt werden. Anschließend mit der eingefärbten Druckwalze darüberrollen, ein sauberes Papier oben auflegen, andrücken und es dann vorsichtig abziehen. Fertig ist das Druckbild.

# Kleben ganz einfach

Für den Kleber: Mehl, Kochtopf, Wasser, Schneebesen, Zucker, Tasse
Material zum Aufkleben: Papierschnipsel, große Papierbögen

**Vorbereitung (für ca. 4 Kinder):** Das Mehl mit dem kalten Wasser verrühren und anschließend das heiße Wasser dazugeben und aufkochen. Abschließend Zucker einrühren und die Masse erkalten lassen.

- 4 EL Mehl
- 2 Tasse kaltes Wasser
- 2 Tasse heißes Wasser
- 2 El Zucker

Der fertige Kleber eignet sich schon für junge Kinder. Dazu wird einfach ein Blatt mit Kleber eingestrichen und schon können große und kleine Papierstücke nach Herzenslust daraufgelegt und festgedrückt werden. Die allererste Collage ist entstanden!

## Farben aus Lebensmitteln

Selbst hergestellte Farben oder Modelliermassen aus Lebensmitteln sind meist körperfreundlich, ungiftig, manchmal sogar essbar und damit ideal für kleine Kinder. Vielfach werden auch Geldbeutel und Umwelt geschont, wenn Reste weiter verwertet werden können. Und außerdem: schon die alten Meister verwendeten bei ihrer Kunst u. a. Eier, Öl oder Quark als Bindemittel für Farben.

## Temperafarbe aus Pigmenten und Wasser      +3

**Material:**

Tempera-Farbpulver, Tasse und Schraubglas pro Farbe, Gabel oder Löffel, Wasser, Papier

Für die Variation: z.B. Zucker, Sand, Holzspäne, Kochsalz, Cornflakes-Reste, Spülmittel

**Vorbereitung pro Farbe:** Wasser in ein Glas geben und das Tempera-Farbpulver unter langsamem Rühren dazugeben.

- ca. 1 Tasse kaltes Wasser
- ca. 2 Tassen Tempera-Farbpulver

Die Kinder können selbst mit dem Wasser und dem Farbenpulver experimentieren. Soll die Farbe blass und transparent sein, geben sie weniger Pulver hinzu. Für größere Deck- und Leuchtkraft wird mehr Pulver benötigt oder man nimmt von vornherein weniger Wasser dazu.

**Variation:** Interessante Oberflächenstrukturen entstehen, wenn zuvor z.B. etwas Zucker, Sand, Holzspäne, Salz oder zerbröselte Cornflakes in die angerührte Farbe hinzugegeben werden. Soll die Farbe auf wachsartigem Grund oder auf Glas halten? Einfach etwas Spülmittel zufügen.

## Monotypie      +3

**Material:**

Druckfarbe (gekauft oder selbst gemacht siehe Seite 48), ersatzweise Fingerfarbe, Glas-, Plexiglas- oder Kunststoffplatte, evtl. Pinsel, dünnes Papier

Die Kinder schmieren mit Farbe auf der Glasplatte (oder einer anderen Platte herum), legen dann ein weißes Blatt Papier oben auf, drücken es kurz an und ziehen es wieder ab. Schon ist ein „Einmal-Druck" entstanden. Ältere Kinder malen mit Pinsel und Farbe Formen und Motive auf, die dann – durch Auflegen und Andrücken von Papier – auf dieses übertragen werden.

# Ei-Tempera

Eier, Öl, Wasser, Schraubgläser, Tempera-Farbpulver, Schälchen, Pinsel

**Vorbereitung pro Farbe:** Ein Ei in ein Glas geben, etwas Öl und Wasser dazugießen und alles gut schütteln oder verrühren.

Diese Grundmasse hält sich ein paar Tage im Kühlschrank und kann zum Malen in ein Schälchen gegeben und mit Farbpigmenten vermischt werden. Bilder aus Ei-Tempera haben eine besondere Leuchtkraft.

# Wachsmalstifte

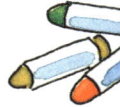

**Material:**

Reste von Wachsmalstiften, Silikonform für Eiswürfel (alternativ kleine Backförmchen), Malpapier
Für die Variation: Metallschüssel, Schneebesen, heißes Wasser

Reste von Wachsmalern in eine Silokonform für Eiswürfel geben. Größere Reststücke mit dem Messer eventuell zerteilen. Die Farben können rein belassen werden oder untereinander gemischt werden.
Nun wandert die Form mit den Wachsresten für 15 Min. bei max. 80 Grad in den Backofen, sodass die Wachsreste schmelzen und zu neuen Formen werden (bitte evtl. entstehende Dämpfe nicht einatmen). Anschließend die Masse gut erkalten lassen und die Formen herauslösen.

**Variation:** Sie können die Wachsreste auch in eine Metallschüssel geben und diese in ein heißes Wasserbad stellen und rühren, bis alles geschmolzen ist. Flüssiges Wachs zum Erkalten in Förmchen gießen.
Die Kinder finden es meist faszinierend, wie aus Resten neue Dinge entstehen und möchten die frisch gebackenen Stifte gleich auf dem Papier ausprobieren.

# Obstfarben

Haushalts-Handschuhe (kleinste Größe), Kittel, Kochtöpfe, Schneebesen, Wasser, Brett, Küchenmesser, Küchenreibe, Schüsseln, feines Küchensieb, Gläschen mit Schraubverschluss, färbende Pflanzen, Pinsel, Papierreste

Küchenreste können im Kinderatelier zu Farben werden. Folgende Pflanzen eignen sich:

 z.B. Karotten, Curry, Kurkuma, Kamille

 z.B. Kirschen, rote Beete, Hagebutten, Rotkohl

 z.B. Brombeeren, Blaubeeren, schwarze Johannisbeeren

 z.B. Petersilie, Spinat

 z.B. schwarzer Tee, starker Kaffee, Zwiebelschalen

Die Kinder zerkleinern die Pflanzen mit einem Küchenmesser bzw. Wiegemesser (bitte mit Haushaltshandschuhen und Kittel arbeiten, da mache Pflanzen stark färben), geben sie in einen Kochtopf und füllen etwas Wasser hinzu. Manche Pflanzen werden nicht geschnitten, sondern besser mit der Raspel gerieben, mit einer Gabel durch ein Sieb gepresst oder mit dem Mörser zerstampft.

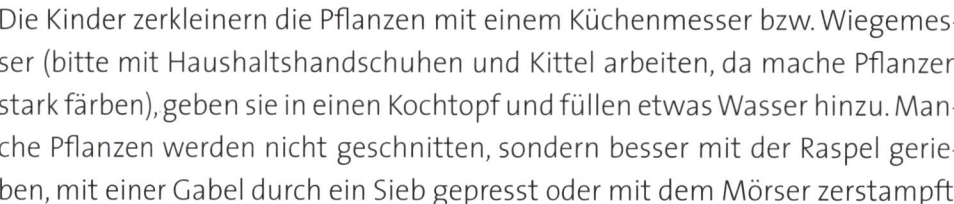

- Den Pflanzenbrei 5–10 Min. kochen und dabei mehrmals mit einem Schneebesen umruhren. Anschließend den Sud in ein Sieb gießen und eine Schüssel darunterstellen.
- Die Farbe in Gläschen geben und mehrere Tage im Kühlschrank aufheben. Die Kinder können die Farben mit Pinseln auf Papier ausprobieren.

**Hinweis:** Mit etwas Kleister vermischt, werden die Farben zu Fingerfarben.

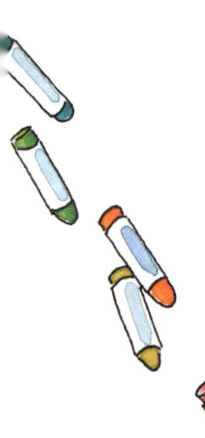

## Zuckerkreide

**Material:**

Reste von Tafelkreide, Zucker, Wasser, große Tasse, große Papier- oder Pappbögen

**Vorbereitung:** Zucker und Wasser verrühren. Tafelkreide in Stücke brechen und im Zuckerwasser mehrere Stunden einweichen.

- 2 Teelöffel Zucker
- 1 Tasse Wasser
- Tafelkreide

Die Kreiden lassen sich leicht vermalen, haften gut auf dem Untergrund und leuchten effektvoll. Während jüngere Kinder vornehmlich ausprobieren und kritzeln, gehen Kinder im 3. Lebensjahr zu gegenständlichen Darstellungen über.

## Zeichenkohle – schwarze Kunst

**Material:**

dünne Aststückchen, Alufolie, großformatiges Papier, evtl. Klebeband
Für die Variation: Zeichenkohle als Stifte oder Kreiden (Künstlerbedarf)

Wickeln Sie ein Aststückchen in Alufolie und legen Sie die Stücke beim nächsten Lagerfeuer oder beim Grillen in die Glut. Mit verkohltem Holz kann man gut Spuren auf Papier hinterlassen.

**Variation:** Wählen Sie alternativ fertig gekaufte Kohlestifte oder Kreiden. Kohle lässt sich übrigens gut mit den Händen verschmieren.

**Hinweis:** Achten Sie darauf, dass die Stifte bzw. Kreiden weich sind. So können schon kleine Kinder ohne Kraftaufwand deutliche Spuren auf Papier hinterlassen.

## Materialobjekte mit Ton

**Material:**

Ton, Draht, Holzstücke, Stöckchen, lange, dicke Nägel oder Schrauben, (auch Naturmaterialien wie Steine, Muscheln usw.)

Kinder können stundenlang mit Ton experimentieren. Manchmal mögen sie es, Materialien in den Ton hineinzudrücken. Dazu wird der Ton entweder flachgeklopft oder als Klumpen weiterverwendet. Bieten Sie den Kindern unterschiedliche Materialien an, die in den Ton hineingedrückt bzw. -gesteckt werden können, z.B. Draht (er kann zuvor zu einem Bogen oder zu einer Spirale geformt werden), Holzstücke, lange Nägel oder Schrauben oder Naturmaterialien. So entsteht ein Objekt aus unterschiedlichen Materialien.

### Sinnliche Erfahrung mit Ton

Beachten Sie, dass – neben selbst hergestellter Modelliermasse – vor allem Ton (als natürlicher, unbelasteter und gut formbarer Rohstoff) für Krippen und Vorschulkinder sehr geeignet ist. Er sollte in keiner Einrichtung fehlen. Bieten Sie den Kindern zunächst einen großen, weichen Klumpen Ton zum Experimentieren an. Erst dann geben Sie den Kindern Hilfsmittel (z.B. Stäbchen, Gabeln) für die Bearbeitung bzw. Materialien zur Ergänzung (z.B. Stöcke, Steine, Muscheln, Draht, Federn...). Damit der Ton geschmeidig bleibt, kann man den Kindern ein Schälchen mit Wasser zum Befeuchten zur Verfügung stellen. Ton-Reste nach dem Spielen in feuchte Tücher bzw. einen speziellen Aufbewahrungs-Behälter packen.

# DIE HÄMMERNDE WERKSTATT

„Messer, Gabel, Schere, Licht" – nichts für kleine Kinder? Und auch von Hammer, Säge und Nägeln sollten sie sich besser fernhalten? Keineswegs! Kinder lieben es, mit Werkzeugen zu hantieren, wie sie es bei den Erwachsenen beobachtet haben.

In vielen Kitas findet sich eine Werkbank in Kinderhöhe oder ein alter, abgewetzter Tisch zum Klopfen und Schrauben. Auch Hämmer, Schraubendreher, Sägen, Nägel und Schrauben sowie Holzreste gehören vielerorts zum Standard.

Heimwerkende, bauende und tapezierende Eltern freuen sich vielleicht, die Kita für einzelne Projekte mit Holzabfällen, Drahtresten, Gips, Schleifpapier, Styropor oder Tapete versorgen zu können. Der Schreiner um die Ecke liefert sicherlich gerne (unbehandelte) Holzreste.

Überreste von Handwerksbetrieben und Werkstätten sind jedoch oft schwer zu lagern und erfordern sehr viel Platz. Da kann es helfen, Materialien nur projektbezogen und in überschaubaren Mengen anzufordern, Übriggebliebenes platzsparend in Kisten und Kartons zu lagern (vielleicht auch auf dem Außengelände in einer Hütte oder einem Spielhaus) bzw. die Reste rasch wieder zu entsorgen (Sperrmüll, Wertstoffhöfe).

## Nagelobjekte

+3

Nägel oder Schrauben mit breitem Kopf (z.B. Dachpappnägel), weiche Holzreste (z.B. Linde), Schraubzwingen, Klebeband, Werkzeuge (z.B. Hämmer, Schraubendreher)

Für die Variation: Styroporreste, Pappkartons, dicke Papprollen

Holzreste auf einem alten Kindertisch oder einer Werkbank ausbreiten. Große Stücke mit Schraubzwingen bzw. Klebeband fixieren. Lassen Sie die Kinder Handwerker spielen und nach Herzenslust Nägel mit einem Hammer einschlagen bzw. Schrauben mit dem Schraubendreher eindrehen. Für jüngere Kinder Einschlaglöcher vorbohren bzw. Nägel und Schrauben schon ein kleines Stück ins Holz schlagen oder eindrehen.

**Variation:** Nägel und Schrauben können die Kinder auch in Styropor stecken. Sogar in Pappkartons und dicke Papprollen kann man breite Nägel hämmern oder Schrauben eindrehen.

### Beim Werkeln mit Holz beachten

- Kinder können mit normalem Werkzeug in der kleinsten Größe hantieren. Dabei auf gute Qualität achten.
- Die einfachste Methode, Holzstücke zu verbinden, ist das Kleben (Bastelkleber). Stärkere Stücke einfach mit Holzleim zusammenleimen.
- Holzbearbeitung: Raspeln, Feilen, Schmirgelpapier, Schleifklötze wählen.
- Sägen: Holz im Schraubstock oder Zwinge einspannen.
- Bohren: Handbohrer verwenden (Bohrstelle leicht vorbohren). Ältere Kinder dürfen unter Aufsicht auch einen elektrischen Bohrer benutzen.
- Nageln: Nägel mit großen Köpfen wählen.
- Hämmern: Hammer möglichst weit hinten halten. Abstand zum Nachbarn! Werkstücke mit Schraubzwingen am Tisch befestigen.

# Ein Schlüsselbrett für uns

**Material:**

Platte aus Lindenholz, Hammer, Nägel, Fingerfarben

Zunächst malen die Kinder das Holzbrett mit Fingerfarben an. Nach dem Trocknen dürfen sie mit dem Hammer Nägel in das Holz schlagen (eventuell leicht vorbohren). Dabei können die Nägel kunterbunt platziert werden, nur nicht zu dicht beieinander. Nun folgt der eigentliche Höhepunkt: Wir hängen Schlüssel an die verschiedenen Nägel und suchen einen Platz in der Kita. Auch zu Hause kann ein Schlüsselbrett von Nutzen sein.

### Sicherheits-Check!!!

- Kinder sollten konzentriert und unter Aufsicht und Anleitung an ihrem Platz arbeiten. Üben Sie mit den Kindern den exakten Umgang mit dem Werkzeug und beobachten Sie sie dabei aufmerksam. Je länger Kinder mit Werkzeug hantieren, desto sicherer werden sie im Umgang und desto weniger Gefahren bestehen!

- Werkzeug sollte nicht herumliegen. Besser in einem speziellen Schrank aufbewahren oder (im Werkraum) an die Wand hängen. Niemand sollte mit Werkzeug in der Hand herumlaufen oder dem Nachbarn zu nahe kommen. Sorgen Sie für ausreichend Platz!

## Fantasie in Holz

**Material:**

Holzstücke unterschiedlicher Größe, Dicke, Form, kleine Äste oder Baumscheiben, Holzleim bzw. Alleskleber, Nägel, Hämmer, Schleifklötze, kleine Sägen mit Bogen, evtl. Finger- oder Temperafarben und diverse Materialien (z. B. Wolle, Federn usw.)
Für die Variation: flache Holzplättchen (DIN-A4), Spanplatte

Überlassen Sie die Holzreste den Kindern zum freien Spiel. So wird ein Stück Holz vielleicht zum Auto oder Schiff oder verwandelt sich in ein Krokodil oder in einen Vogel. Vielleicht wird es – gemeinsam mit anderen Stücken – zu einem Haus oder Turm. Je nach Alter können die Objekte mit Werkzeugen verändert werden. So bekommt der Igel z. B. Nägel eingeschlagen, die wie Stacheln aussehen.
Auch die Kombination mit anderen Materialien ist möglich (z. B. Federn für einen Vogel, Wolle für ein Schaf mit Alleskleber ankleben.). Einzelne Teile können auch mit Farbe angemalt werden.

**Variation:** Flache Holzplättchen können nebeneinander oder untereinander auf eine Spanplatte mit Holzleim geklebt oder genagelt werden, sodass ein Relief entsteht.

## Maschendraht-Landschaften

**+3**

**Material:**

Reste von Maschendraht (feinmaschig, sog. „Hasendraht"), evtl. Isolier- oder Klebeband zum Abkleben scharfer Enden, Drahtschere, Papierreste (z.B. von Zeitungen, Bunt- oder Transparentpapier), Tapetenkleister, Schüssel zum Anrühren, Finger- oder Temperafarbe

Schneiden Sie Maschendraht in entsprechend große Stücke und kleben Sie scharfe Enden mit Isolier- oder Klebeband ab. Je nach Spielidee können die Kinder nun aus dem Draht eine Grundform biegen, z.B. eine Rolle oder einen „Berg". Anschließend wird Papier in Stücke gerissen mit Tapetenkleister eingestrichen (vorher nach Packungsanleitung mit Wasser anrühren) auf den Draht geklebt, bis er ringsum mit Papierstücken bedeckt ist. Nach dem Trocknen eventuell mit Farbe anmalen.

**Variation für jüngere Kinder:** wir formen einen Berg oder eine hügelige Landschaft und stellen Spieltiere und Autos dazu. Aus der Draht-Rolle kann man auch einen Turm gestalten.
Ältere Kinder möchten aus dem Draht vielleicht die Grundform eines Tieres, eines Fahrzeugs o.Ä. formen. Die Aufgabe eignet sich gut als Gruppenprojekt.

## Gipserinnerungen

**+2**

**Material:**

alte Blumenuntersetzer (aus Kunststoff oder Ton), Gips, Schüssel zum Anrühren (mit Wasser), Löffel, dazu Fundsachen aus der Natur (z.B. Muscheln, Steinchen, Rinde, Gras) bzw. aus dem Haushalt (z.B. Nudeln, Bohnen, Erbsen u.Ä.), evtl. Fingerfarbe

Der Gips wird nach Packungsanweisung angerührt und in die Blumenuntersetzer gegossen. Die Kinder wählen Materialien aus, die sie in die noch flüssige Masse hineingeben, z.B. Muscheln, Bohnen usw. Nach dem Trocknen kann das Bild als Relief so belassen oder noch mit Fingerfarbe angemalt werden. Die fertigen Objekte kann man aufstellen, auslegen oder sogar aufhängen (dazu hinten Aufhänger ankleben).

## Hand- und Fußabdrücke aus Gipspulver

Gips, Schüssel zum Anrühren (mit Wasser), Holzstäbchen oder Löffel, mehrere flache und breite Kunststoff- oder Aluschalen, Farbe (z. B. Finger- oder Wasserfarbe), nasser Lappen

Rühren Sie den Gips gemeinsam mit den Kindern nach Packungshinweis mit Wasser an. Mithilfe des Schneebesens kräftig rühren. Dann helfen die Kinder mit, die flüssige Masse in mehrere flache Gefäße oder Schalen zu füllen.
Den Gips nun beobachten. Die Masse muss etwas „anziehen", d.h. beginnen, sich zu verfestigen. Nun können die Kinder eine Hand oder einen Fuß in die Masse drücken, sodass ein Abdruck entsteht. Nach ca. 24 Stunden sind die Abdrücke fest, können vorsichtig aus den Gefäßen gelöst und von den Kindern mit Farbe angemalt werden.

### Umgang mit Gips
Bitte zügig rühren. Gips in Wasser einstreuen, nicht umgekehrt. Reste nicht in den Ausguss kippen. Gefahr des Verstopfens!

## Tapetendruck

Strukturtapete mit deutlichem Profil, Fingerfarbe, Platte aus Kunststoff oder Pappe, Druckwalze, Papier

Die Kinder geben Farbe auf eine Platte oder auf Pappe und walzen mit der Druckwalze darüber. Anschließend rollen sie mit der eingefärbten Walze über die raue Seite der Strukturtapete, bis sie gleichmäßig mit Farbe bedeckt ist. Dann ein weißes Papier auf die Tapete legen und wieder abziehen. Die Struktur der Tapete findet sich auf dem Papier wieder.

# Tapetenmuster ausschneiden

**Material:**

gemusterte Tapeten bzw. Tapetenbücher, Schere, Klebstoff, große Papierbögen

Die Kinder scheiden oder reißen aus alten Tapeten Muster oder Objekte aus und kleben sie auf weißes Papier. So kann eine Collage entstehen und am Ende vielleicht eine neue, selbst gestaltete Tapete für die Wand.

**Hinweis:** große Tapeten von Rollen vorher in kleine, handliche Stücke schneiden.

# Gipscollagen

**Material:**

Gipsbandagen, Schere, Schüssel mit Wasser, Holzspanplatte, Malfarbe
Für die Variation: Sand, Glitzerpulver

Die Kinder schneiden mit der Schere von der Gipsbandage unterschiedlich lange Stücke ab und tauchen sie kurz in eine Schüssel mit kaltem Wasser. Nun werden die befeuchteten Binden auf die Holzplatte kreuz und quer aufgelegt, und zwar bis über den Rand der Platte hinaus. So entstehen geometrische Muster. Der Gips auf der Platte kann mit den Fingern weitergeformt werden. Es können auch mehrere Binden übereinander gelegt werden. Nach dem Trocknen das fertige Bild mit Farbe bemalen.

**Variation:** Auf das noch feuchte Bild unregelmäßig, Sand, Glitzerpulver o.Ä. aufstreuen.

## Gruppenbild aus Schleifpapier

Reste von Schleifpapier unterschiedlicher Körnung, Schere, Alleskleber, Tempera-Farbe/Wasserfarbe (auch Wachsmalstifte), dicke Pappe

Die Kinder schneiden mit der Schere die Reste von Schleifpapier in handliche Stücke. Eventuell müssen ältere Kinder beim Schneiden helfen. Nun werden die Reste mit Farben oder Stiften angemalt und auf ein großes Stück Pappe nebeneinandergeklebt.
Dabei können viele Kinder mitarbeiten. Ist das Bild fertig, so haben wir zweierlei Effekte: einmal optisch eine farbige Collage und zum anderen haptisch ein Tastbild zum Fühlen.

## Styropor-Druck

Material:

Styroporreste, Fingerfarbe, Schälchen, große Papierbögen
Für die Variation: Platten aus Styropor, Gegenstände zum Ritzen (z.B. Stifte, Hölzchen usw.)

Styroporreste von Verpackungsmaterial einfach von den Kindern in Stücke brechen lassen, in Fingerfarbe tauchen und auf Papier abstempeln.

**Variation:** Ältere Kinder ritzen mit Gegenständen Linien in eine Platte aus Styropor (mindestens 3–5 mm tief). Anschließend flüssige Farbe mit den Händen oder mit einer Druckwalze auftragen, sauberes Papier auflegen, drüberstreichen und das Papier wieder abziehen. Dabei ist die Struktur des Styropors auf dem Papier erkennbar.

# Alte Fliesen in neuem Kleid

**Material:**

Reste von alten Fliesen (einfarbig), Farben (z.B. Fingerfarbe, Acrylfarbe, Windowcolor, Porzellan- bzw. Keramikfarben oder -Stifte), mittelstarke bis feine Pinsel

Für die Variation: Alleskleber ohne Lösungsmittel, kleine Objekte zum Aufkleben (z.B. Papierschnipsel, Blätter, kleine Muscheln, Nuggets-Steine, Sand), auch Servietten mit Motiven und Serviettenkleber

Fliesen bieten einen interessanten Untergrund und eignen sich zum Bemalen und Gestalten. Decken Sie den Tisch ab, legen Sie verschiedene Fliesen aus und schon kann es losgehen!

- Mit Fingerfarbe malen: Das Ergebnis ist natürlich nicht von Dauer (Acrylfarbe bzw. Windowcolor sind meist beständiger). Man kann die Fliesen bei Bedarf mit einem feuchten Lappen oder Papier wieder abwischen und von Neuem beginnen.
- Wer dauerhafte Ergebnisse möchte, bietet Porzellanfarbe oder Keramikstifte an. Nach dem Bemalen müssen die Fliesen trocknen und anschließend etwa 30 Min. bei ca. 170 Grad im Backofen gebrannt werden.

**Variation:** Die Alternative heißt „Bekleben statt bemalen". Dazu Alleskleber auftragen und Materialien (z.B. Papierschnipsel) aufdrücken oder aufstreuen. Oder die obere Schicht von einer Serviette (sie sollte ein Motiv haben) lösen und mit Serviettenkleber auf die Fliese bringen.

**Hinweis:** Die Fliesen kann man aufstellen oder mit selbstklebenden Bildaufhängern an die Wand bringen.

## Murmelbahn mit Schläuchen

Schlauch (auch Drainagerohr oder alter Staubsaugerschlauch) mindestens 2–3 cm Durchmesser, stabiler Pappkarton, Bleistift, Schere, Murmeln, (Finger-) Farbe
Für die Variation: Papprollen (von Toilettenpapier, Haushaltsrolle), Versandrollen, Klebeband

Die Kinder lassen probeweise Murmeln durch Schläuche, Drainagerohre und Papprollen kullern und überlegen dann gemeinsam, wie man daraus eine Murmelbahn bauen könnte.
Auf jeden Fall bedarf es einer Schräglage, um die Murmeln kullern zu lassen. Vielleicht einmal einen Schlauch mit Band an einen Schrank oder an eine Türklinke binden, die Kugeln oben einstecken und durchkullern lassen?
Etwas stabiler ist ein Aufbau mit einem Pappkarton. Dazu rechts und links jeweils ein Loch in die Seite schneiden (eines hoch oben, das andere tief unten). Das Loch in der Pappe sollte gerade so groß sein, dass der Schlauch eingesteckt werden kann. Nun ausprobieren, ob die Kugel tatsächlich durch die Schräge rollt und am anderen Ende ankommt.
Auf Wunsch können die Kinder den Karton farbig gestalten, z.B. mit Fingerfarbe anmalen.

**Variation:** Statt des Schlauches kann man auch Papprollen nehmen, die die Kinder mit Klebeband zusammenkleben und mit Farbe anmalen. Dann – wie oben beschrieben – schräg durch den Karton führen.

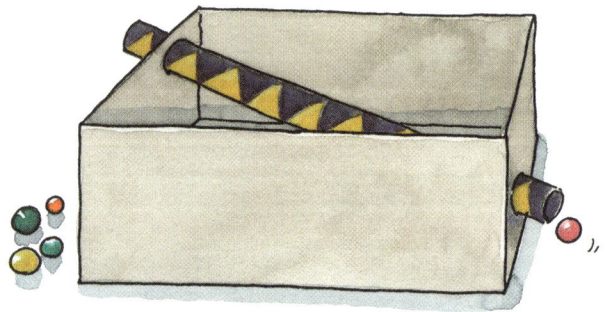

# Drahtkunst-Objekte

Drahtreste (s.o.), formbare Grundmasse (z.B. Ton, Salzteig, Plastelin, Knetwachs o.Ä.) oder feste Materialien wie z.B. Styropor, Pappkartons, Pappröhren, Wellpappe, Dosen, Holzstücke

Für die Variation: alte Kleiderbügel aus Draht (gibt es manchmal in Wäschereinigungen dazu)

- Verschiedene Drahtreste können in einen Block aus einem weichen Material (Ton, Plastilin) hineingesteckt werden. Mehrere kleine Blöcke lassen sich durch Drähte miteinander verbinden.
- Materialien wie Styropor, Pappkarton, Pappröhren, Holzstücke, können umwickelt bzw. mit Drähten untereinander in Beziehung gebracht werden.
- Drähte kann man mit Stoff- oder Papierbändern, Wolle, Alufolie etc. umwickeln, wodurch ihre Wirkung verstärkt wird.

**Variation 1:** Selbst gefertigte Drahtfiguren (vgl. oben „Figuren aus Draht") können Kinder an einen alten Draht- Kleiderbügel hängen. Der Bügel kann – zusammen mit den Figuren – als Mobile-Aufhängung mit einem Faden unter der Decke befestigt werden.

**Variation 2 (für Kinder ab 6 Jahren):** Drahtbügel lassen sich auseinanderbiegen und verformen, was allerdings Kraft und oftmals Hilfe durch einen Erwachsenen benötigt. Viele verbogene Bügel können die Kinder mit biegsamen Aludrähten verbinden und zu einem Gesamt-Kunstwerk zusammenfügen, das vielleicht zusätzlich mit Papierstreifen, Bändern u.a. Resten verziert und anschließend ausgestellt wird.

## Riesentier

**Material:**

„Hasendraht" (Hasengitter), Klebeband, Zeitungspapier, Tapetenkleister, Farbe, Pinsel. Dazu Knöpfe (oder Papierkugeln) für die Augen, Bundpapier für die Zunge, Alleskleber

Bei dem Hasendraht scharfe Ecken mit Klebeband abkleben. Dann biegen die Kinder aus dem Draht die Grundform eines einfachen Tieres. Eine längliche Form kann z. B. zu einem Corpus für eine Schlange oder für ein Krokodil werden. Dann reißen die Mitspieler Zeitungspapier ist viele Stücke bzw. Bahnen, tauchen sie in fertig angerührten Tapetenkleister und legen sie ringsum auf den Draht – und dies in mehreren Lagen übereinander. Wenn viele fleißige Hände mithelfen, so entsteht im Rahmen einer Gruppenaktion das Tier im Handumdrehen. Nach dem Trocknen (es braucht mehrere Tage) soll der Tierkörper mit Farbe angemalt werden. Vorne bekommt das fertige Tier ein paar Augen (z. B. aus Papierkugeln oder Knöpfen) und eine Zunge aus Papier aufgeklebt.

## Drahtschmuck

**Material:**

Silberdraht, Aludraht, (Draht-) Schere, fingerdicke, runde Gegenstände (z. B. dicker Filzstift, Rundholz) für einen Ring, handgelenkbreite, runde Gegenstände (z. B. Glas)
Für einen Armreifen: Drahtschere oder Zange, Eventuell Holz- oder Glasperlen, dünne, farbige Bänder

Ein Stück Draht wird von dem jeweiligen Kind mehrfach um einen fingerdicken, runden Gegenstand (z. B. Edding-Stift) gewickelt, etwa 5–6 Lagen übereinander. Dann den Draht herunternehmen, am Ende großzügig mit der Schere abschneiden und genau dieses Ende 1x an einer Stelle um den fertigen Ring wickeln. Achtung, es soll nichts piksen.
Für einen Armreifen ähnlich verfahren, nur dass diesmal der Gegenstand, der mehrfach umwickelt wird, handgelenkdick sein sollte.
Damit es bunter wirkt, können die Kinder Holz- oder Glasperlen auf den Draht fädeln und den Schmuck zusätzlich mit einzelnen farbigen Bändern verzieren.

# NEUES AUS DEM NÄHKÄSTCHEN

Alte Kleidung wird oft leichtfertig in den Hausmüll geworfen. Einiges landet in der Altkleidersammlung. Von dort wird gebrauchte Kleidung nicht nur an Kleiderkammern gegeben bzw. an hilfsbedürftige Menschen verteilt, sondern auch an Zwischen-Händler verkauft, die z. B. westliche Kleidung in Entwicklungsländern auf die Märkte bringen. Die Ware ist für die Menschen dort noch immer recht teuer zu kaufen, konkurriert mit dem heimischen Bekleidungs-Handwerk und schädigt damit die einheimische Wirtschaft. Textilien müssen jedoch bei uns nicht leichtfertig im Müll oder im Kleidercontainer landen.

Kinder können ihre alten Sachen an (jüngere) Freunde verschenken oder mit Freunden tauschen. Sie können alte Textilien auch selber recyceln, indem sie getragene Sachen umgestalten und wieder verwerten. So wird das alte T-Shirt, die gebrauchte Stoff-Tasche, das verwaschene Bettlaken mit Stofffarbe bemalt oder bedruckt. Schon haben wir ein neues „Outfit", einen neuen Vorhang, ein Wandbild oder eine Tischdecke.

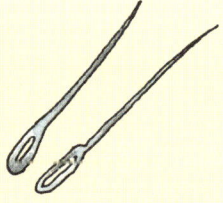

## Woll-Collage

**+4**

**Material:**

Wollreste, Schere, festes Papier, Tapetenkleister

Wollfäden werden mit der Schere in viele kleine Stücke geschnitten. Das Schneiden ist für Kinder nicht ganz einfach. Als Hilfe können zwei Kinder einen Faden ganz straff halten, während ein drittes Kind den Faden mit der Schere immer wieder durchschneidet.

Interessant sind besonders unterschiedliche Wollsorten, -farben und -stärken. Danach streichen die Kinder Papier mit Kleister ein. Vor dem nächsten Schritt sollten sie sich unbedingt die Hände waschen, damit nichts mehr klebt. Dann mit sauberen Händen kleine Wollstücke auf das Papier streuen. So entsteht eine bunte Collage.

**Variation:** Die Kinder können auch gegenständliche Darstellungen legen, z.B. Meeres- Wellen, Schlangen, Schnecken, Äpfel usw. Faszinierend sind auch bunte Spiralen, wie man sie z.B. von dem Künstler Hundertwasser kennt.

## Stoffdruck auf Taschen

**+3**

**Material:**

gebrauchte Stoffbeutel (Werbetaschen zum Einkaufen), Stofffarbe, Schälchen, Korken, evtl. Bügeleisen

Einige Beutel müssen eventuell vorher gewaschen werden. Ziehen Sie den jeweiligen Beutel auf links, sodass der Werbeaufdruck innen ist. Manche Taschen eignen sich gut, z.B. wenn der Werbeaufdruck wenig oder gar nicht durchscheint. Es geht hier auch nicht darum, eine perfekte Tasche zu haben. Vielmehr steht der kreative Prozess im Vordergrund. Nun können die Kinder ihre Tasche bedrucken, indem sie einen Korken in Druckfarbe tauchen und ihn dann mehrmals auf der Stofftasche abstempeln. So wird die ganze Tasche bunt und kann später für Rollenspiele oder zum Sammeln von Fundsachen verwendet werden. Bei Bedarf durch Bügeln fixieren.

## Handschuhdruck

+2

**Material:**

Ausrangierte Kinderhandschuhe, breite Schälchen oder dicke Pappe, Papier (z.B. Tapete), Fingerfarbe

Geben Sie Fingerfarbe in breite Schälchen oder auf dicke Pappe. Die Kinder ziehen einen Handschuh an, drücken ihn erst in die Farbe und anschließend auf das Papier. Schon haben wir einen Hand(schuh)abdruck. Was so ein Handschuh alles zaubern kann!

## Filzen

+5

**Material:**

Reste von Filzwolle (Märchenwolle), große Schüssel (mit sehr heißem Wasser), Kern- oder Pflanzenseife, evtl. Noppenfolie, Tapetenkleister, dicke Pappe, Abdeckfolie, Handtücher

Die Kinder teilen einen Strang Wolle ab (12–15 cm lang) und rollen ihn zu einem dicken „Faden". Dann tauchen sie den Faden in Wasser und reiben ihn so lange mit Seife zwischen den Fingern ein, bis die Wolle verfilzt. Anschließend wird die Wolle in klarem Wasser ausgespült und zum Trocknen auf ein Stück Papier gelegt. Das kann man wiederholen, bis viele einzelne Filzfäden entstanden sind.

Wer möchte aus den fertigen Fäden ein Bild gestalten? Dazu Pappe mit Tapetenkleister einstreichen, die vielen farbigen Fäden einfach aufkleben und alles trocknen lassen. Fertig ist das Filzwolle-Bild.

**Variation:** Die Kinder rollen mit den Händen einen kleinen Ball. Dazu wird Wolle zu einer Kugel geformt. Obendrauf kommen mehrere Lagen farbiger Filzwolle. Dann die Hände mit Seife einreiben und den Ball im warmem Wasser zwischen den Händen rollen und walken, bis die Wolle verfilzt. Man kann ihn auch zusätzlich auf der Noppenfolie rollen. Dann den Ball in klarem Wasser ausspülen und zum Trocknen auf Papier oder auf die Heizung legen.

## Knöpfe im Karton

+2

**Material:**

Deckel von Schuhkartons, viele Knöpfe, evtl. Filz oder anderer weicher Stoff (jeweils in Größe des Schuhkarton-Deckels)
Für die Variation: Alleskleber, Pappe, Schere, Käseschachtel, dünne Spanplatte, Hammer, Nägel

Geben Sie den Kindern eine ausreichende Menge Knöpfe in den Deckel eines Schuhkartons. Wenn Sie den Deckel zuvor innen mit Filz oder einem anderen weichen Stoff auslegen, dann gleiten die Knöpfe besonders gut und lassen sich immer wieder hin- und herschieben und neu anordnen. Was können Kinder mit Knöpfen tun? Befühlen, zu Reihen und Mustern legen oder (bei älteren Kindern) zu gegenständlichen Abbildungen verwenden.

**Variation (ab 5 Jahren):** Die Kinder können die Knöpfe mithilfe von Alleskleber in den Deckel des Schuhkartons kleben. Nach dem Trocknen als Bild aufstellen oder aufhängen.

## Käseschachteln einmal anders

+4

**Material:**

große, runde oder ovale Käseschachteln, Plaka-Farbe, Pinsel, Knöpfe, Alleskleber
Für die Variation: Papierschnipsel, Federn, Paletten

Die Käseschachteln werden zunächst mit Plakafarbe farbig angemalt. Nach dem Trocknen sollen Knöpfe mit Alleskleber auf den Deckel geklebt werden. Die Kinder verwenden die Schachteln zum Aufbewahren von Schmuck oder Sammelsachen.

**Variation:** Zusätzlich können Papierschnipsel, Federn, Paletten dazu geklebt werden.

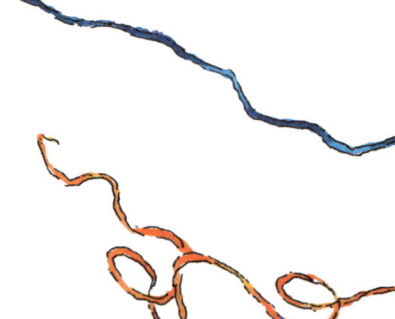

# Bilderrahmen gestalten

**Material:**

selber gemalte Bilder Kinder (DIN-A4), Pappe, Schere, Bleistift, Lineal, viele flache Knöpfe unterschiedlicher Form und Größe, Alleskleber

Die Kinder streichen die Unterseite ihres selbst gemalten Bildes mit Klebstoff ein und kleben es auf einen Bogen Pappe. Ringsum sollte ein Rand von 1–2 cm überstehen. Dann mit Stift und Lineal eine Linie zeichnen und mit der Schere daran entlang schneiden. Schon hat das Bild einen Rahmen aus Pappe. Anschließend können die Kinder viele unterschiedliche Knöpfe mit Alleskleber auf den Rahmen kleben und ihn somit kunterbunt gestalten.

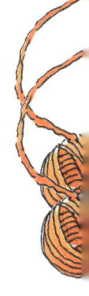

## Alte T-Shirts im neuem Look

### Material:

gebrauchte T-Shirts (einfarbig), Plastiktüten, Stoff-Malfarbe, Stempel (z. B. Kartoffelhälften, Korken, Blätter u. Ä.), Schälchen, evtl. Pinsel

Gebrauchtes T-Shirt waschen und eine Plastiktüte innen hineinlegen. So läuft die Farbe nicht auf die Rückseite des Shirts. Nun wird Stoff-Malfarbe in Schälchen verteilt oder in dicken Klecksen auf einen Bogen Pappe gegeben. Die Kinder drücken dann den Stempel (z. B. Korken, Kartoffelhälften) zuerst in die Farbe und dann mehrmals auf die Vorderseite des Shirts. So entstehen Muster und vielleicht sogar Figuren. Man kann auch gut die eigenen Finger oder Hände zum Drucken nehmen. Nach dem Trocknen durch Bügeln fixieren.

**Variation:** Statt zu drucken können die Kinder das T-Shirt auch mit Stofffarbe bemalen.

### Modenschau für Recycling-Mode

Die fertigen gemalten T-Shirts präsentieren die Kinder am besten in einer eigenen Modenschau. Man kann die Shirts auch in der Kita ausstellen, z. B. im Foyer. Bei einem Ausflug oder einer gemeinsamen Wanderung können die Shirts von allen Kindern getragen werden.

## Gruppenbild aus Bettlaken

**Material:**

altes Bettlaken, Farbe (z.B. Finger-, Stoff- oder Temperafarbe), Schälchen, evtl. dicke Pinsel oder Stempel (z.B. aus Kartoffelhälften, Wellpappe, Styropor), Klebeband, Bindfaden

Mehrere Kindertische zusammenstellen, mit Folie abdecken und das Bettlaken darauf befestigen (mit Bändern, Klebeband u.Ä.). Das Laken sollte fest gespannt sein. Auf einem separaten Tisch werden Farben angeboten. Es darf auf dem Laken gemalt oder gedruckt werden.
Draußen im Freien kann das Laken auch mit Steinen beschwert oder mit Stöcken und Pflöcken im Boden befestigt werden. Das getrocknete Gruppenbild passt vielleicht in den Eingangsbereich der Kita.

**Hinweis:** Bedruckte oder bemalte Bettlaken lassen sich auch als Tischdecke verwenden.

## Knöpfe nageln

**Material:**

Nach Wahl: Styropor-, Kork- oder Holzplatte, dünne lange Nägel, Hammer, flache, große Knöpfe mit großem Einfädelloch

Zunächst verteilen die Kinder die Knöpfe auf der Styropor-, Kork- bzw. Holzplatte. So können Muster oder auch gegenständliche Darstellungen entstehen.
Geschickte Kinder stecken einen langen, dünnen Nagel in das Einfädelloch des Knopfes und drücken den Knopf mit dem Nagel in eine weiche Platte (z.B. aus Styropor).
Ist der Untergrund härter, z.B. bei einer Holzplatte, muss der Nagel mit einem Hammer eingeschlagen werden. Viele genagelte Knöpfe ergeben gemeinsam ein reliefartiges Bild.

## Die Garnrollenschlange

**+4**

**Material:**

dicke Garnrollen, farbige Papierreste, Klebstoff, Schere, langes und dünnes Band, Filzstift, etwas Wolle oder Filz

Die Kinder bekleben die Garnrollen mit farbigem Papier. Nun wird als erstes eine besonders große Garnrolle auf ein Band gefädelt: der Kopf der Schlange. Anschließend fädeln die Kinder die übrigen Rollen auf, sodass hinter dem Kopf viele einzelne Gliedmaßen entstehen. Vorne und hinten wird das Band festgeknotet und abgeschnitten. Dabei kann ein älteres Kind bzw. ein Erwachsener helfen. Vielleicht möchten die Kinder der Schlage Augen aufmalen und vorne eine Zunge aus Wolle oder Filz ankleben. Wir spielen mit der Schlange, indem wir sie über den Tisch bewegen und vielleicht dazu eine Geschichte erzählen.

**Variation:** Aus der Schlange wird eine Marionette, indem man 4 Schnüre anknotet: eine vorne hinter dem Kopf, eine hinten vor dem Schwanzende und zwei weitere mit Abständen im mittleren Teil der Schlange.

# Strumpffühlsäckchen +3

**Material:**

alte Socken, Kniestrümpfe oder Strumpfhosen, Löffel/Trichter, Bänder
Füllmaterial: Papier, Knöpfe, Perlen, Reis, Erbsen, Sand, Watte, Steinchen, Murmeln u. Ä.
Für die Variation: Filz- oder Stoffmalstifte, Woll-, Stoff- und Pelzreste, Alleskleber

Die Kinder füllen die Strümpfe mit je einem Material. Dazu können die Hände, aber auch Löffel und Trichter benutzt werden. So verbirgt sich schließlich in einem Strumpf Papier, im nächsten Sand, im übernächsten Watte. Die Kinder sollen weitere Ideen entwickeln, welche Materialien in einen Strumpf passen könnten. Sind viele verschiedene Strümpfe gefüllt, so werden sie mithilfe älterer Kinder oder eines Erwachsenen mit Bändern fest zugebunden. Die Säckchen können für Tastspiele benutzt werden: genau fühlen und den Inhalt erraten.

**Variation:** Vor dem Befüllen können (unifarbene) Socken auch ein Gesicht bekommen, das mit Stiften aufgemalt wird. Woll- und Pelzreste oder Stoffstreifen werden als Haare aufgeklebt. So kann der Strumpf nicht nur zum Tasten, sondern auch als Spielfigur verwendet werden.

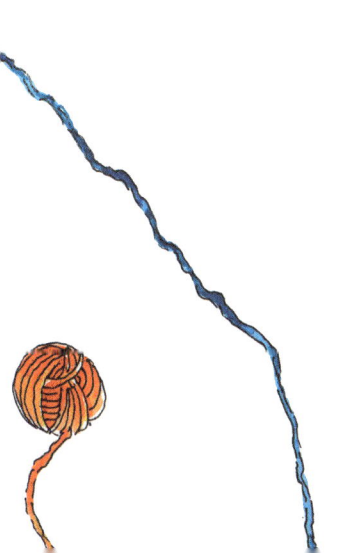

## Stoffflicken kunterbunt

**Material:**

viele unterschiedliche Stoffreste (z.B. Baumwolle, Samt, Cord, Tüll, Taft, Filz, Seide usw.), Schere, Klebstoff (Tapetenkleister mit Wasser angerührt oder Klebestift), Bettlaken oder lange Papierbahnen

Zunächst können die Mitspieler die Stoffe mit den Händen erfahren, also nach Herzenslust darin herumwühlen. Für ein Flickenbild empfiehlt es sich, handliche Stücke zu schneiden oder zu reißen. Dabei helfen ältere Kinder oder ein Erwachsener. Nun sollen die Kinder in einem Gemeinschaftsprojekt einzelne Stoffflicken mit Kleister oder Klebestift einstreichen und auf eine große Papierbahn oder auf ein Bettlaken kleben. So entsteht ein kunterbunter Muster- und Materialmix und vielleicht ein Riesen-Bild für den Gruppenraum oder die Eingangshalle.

**Variation:** Ältere Kinder kleben die Stoffe vielleicht nach Farben sortiert auf den Untergrund oder sie kleben Stoffe gleicher Beschaffenheit zusammen auf. Die ganz Großen können Flicken vielleicht mit Nadel und Faden auf den Untergrund nähen oder heften.

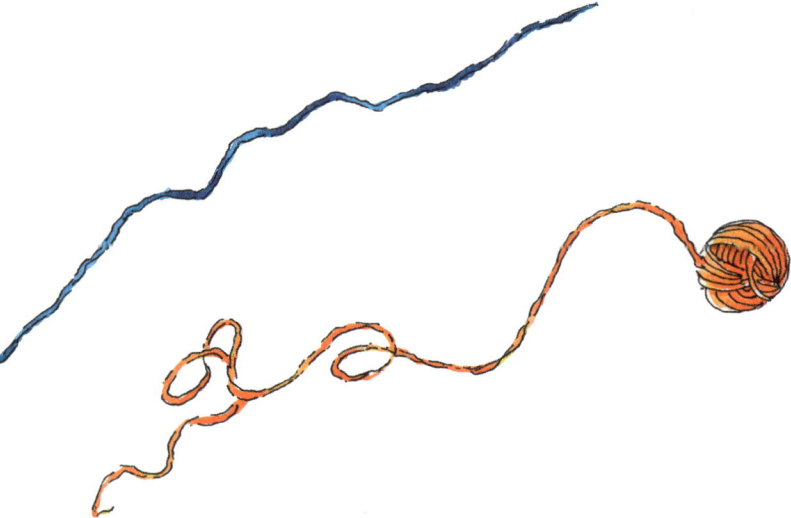

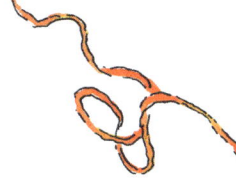

# Allererstes (Treppen-) Weben

+4

**Material:**

Treppengeländer (Aufgang), ausrangierte Stoffe, Schere

Schneiden bzw. reißen Sie aus Stoffresten lange Streifen von ca. 2 cm Breite. Knoten Sie viele Streifen aneinander und wickeln sie diese zu einem Knäuel auf. Nun begeben Sie sich mit 1–2 Kindern an einen Treppenaufgang. Binden Sie den Anfang des Stoff-Streifen-Knäuels unten an einer Sprosse fest. Die Kinder können nun – wie beim Weben – das Knäuel zwischen den Sprossen auf und ab, auf und ab führen. Am Ende der ersten Reihe das Knäuel um die letzte Sprosse winden und mit der nächsten Reihe beginnen. Doch diesmal geht es: ab und auf, ab und auf! So entsteht eine Art „Gewebe" und ein kleiner Treppen-Sichtschutz.

### Webtechnik ganz einfach

Zeigen Sie den Kindern, wie Weben exakt funktioniert. Nur so haben sie Erfolg und ein fertiges Gewebe entsteht. Am besten demonstrieren Sie die Technik „vergrößert" mit dicken Bändern oder Stoff-Streifen zwischen Sprossen, Stäben oder Stöcken. Achten Sie darauf, dass das Band immer auf und ab geführt wird. In der nächsten Reihe kommt die „Wende". Jetzt geht es umgekehrt: ab und auf usw.

# Webrahmen aus Schuhkarton

## Material:

Schuhkarton oder anderer fester Karton, Bindfaden, Stoff-Streifen (oder Woll-fäden), eventuell Webschiffchen oder Nadel, Schere

**Vorbereitung:** In den Rand des Kartons werden mit der Schere 8–10 Kerben eingeschnitten. Dazu wählen wir die beiden schmalen Seiten des Kartons aus. Die Kerben auf jeder Seite sollten sich jeweils paarweise gegenüberliegen. Nun spannen die Kinder senkrecht Bindfaden von Kerbe zu Kerbe.

Sind die senkrechten (Kett-) Fäden gespannt, beginnt das Weben:
Dazu brauchen Sie Streifen aus Stoff (ersatzweise dicke Wollfäden) von 50–80 cm Länge. Die Streifen bzw. Fäden (Schussfäden) werden waagerecht durch die senkrechten Fäden geführt, und zwar „auf und ab, auf und ab ...". Dazu führt das jeweilige Kind den Faden mit den Fingern oder nimmt eine Webschiffchen (bzw. eine Webnadel). Am Ende der Reihe heißt es aufpassen! Für die nächste Reihe geht es „ab und auf, ab und auf", sodass jetzt das typische Webmuster entsteht. Die Kinder weben so lange, wie sie Spaß daran haben. Manchmal entsteht sogar ein kleiner Puppenteppich.

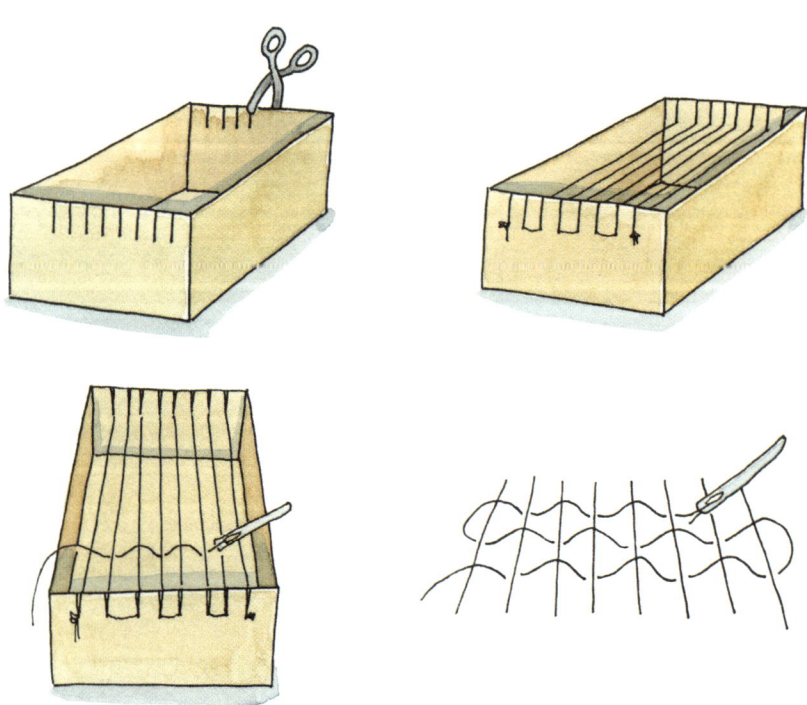

# Zupfinstrument mit Gummibändern

breites Gummiband, Pappkiste(n), Messer oder Schere, Farbe (z.B. Tempera- oder Plakafarbe), Pinsel, Klebeband
Für die Variation: Gummiringe, Joghurtbecher

Die Kinder malen Kartons mit Farbe und Pinsel bunt an. Wer hat Lust, nach dem Trocknen des Kartons daraus ein einfaches Zupfinstrument zu bauen? Zunächst werden 4-6 Gummibänder mit der Schere zugeschnitten. Die Länge der Bänder richtet sich nach der Größe des Pappkartons. Alle sollten gleich lang sein. Ist der Karton getrocknet, ritzt man mit einem Messer oder einer Schere 4–6 Schlitze in die beiden gegenüberliegenden Seiten des Kartons. Das macht am besten ein älteres, geschicktes Kind. Nun heißt es: immer von Schlitz zu Schlitz ein Gummiband spannen. Das Band in den Schlitz klemmen und zusätzlich mit Klebeband fixieren. Jetzt darf an den Bändern gezupft und gleichzeitig dem Klang gelauscht werden.

**Variation:** Ein ganz einfaches Zupfinstrument baut man, indem man Gummiringe über die offene Seite eines Joghurtbechers spannt.

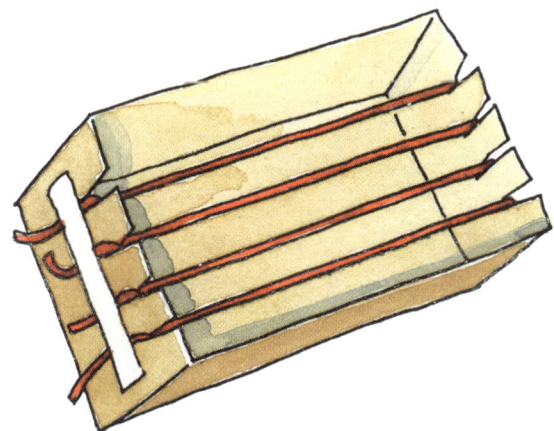

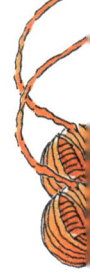

## Ketten

**Material:**

dünnes Hutgummi, dicke Stopfnadel, Schere, evtl. Handbohrer, nach Wahl: Knöpfe (mit großem Fädelloch), Perlen, Kastanien, dicke Strohhalme, Schnipsel von Papier und Stoff u. Ä.

Hutgummi durch die Stopfnadel fädeln. Nun können die Kinder mit Hilfe der Nadel unterschiedliche Materialien auffädeln (z. B. Knöpfe, Perlen, Stücke von Strohhalmen, Schnipsel von Papier und Stoff). Sollen Kastanien aufgefädelt werden, so müssen sie vorher mit dem Handbohrer durchbohrt werden. Zum Bohren die Kastanie am besten in einen Nussknacker mit Schraubgewinde einspannen.

Die fertigen Ketten im Raum aufhängen oder als Halskette oder Armband zusammenknoten.

## Haargummis

+6

**Material:**

Gummiband (ca. 0,5 cm breit), dicke Nadeln, Schere, Wollfäden (z. B. selbst gefilzt), Stoffreste, Perlen, Knöpfe

Die Kinder fädeln Materialien (z. B. Stoffreste, Perlen, Knöpfe, selbst gefilzte Wollfäden) mit Nadel und Faden auf das Gummiband. Maß nehmen, ob das neu gestaltete Haargummi um den Zopf oder Pferdeschwanz passt. Wenn ja, Gummiband großzügig abschneiden und die Enden verknoten. Am besten helfen sich die Kinder gegenseitig. Zum Schluss haben wir originellen Haarschmuck, der so ganz anders aussieht, als fertig gekauft.

# DIE RESTEKISTE

Kaum geht die Tür zum Materialraum auf, schon öffnet sich eine faszinierende Welt. Dort lagern Reste vom letzten Laternenbasteln, Überbleibsel vom Sommerfest, Geschenkpapier vom Geburtstag und Verpackungsmaterial von der letzten Spielzeuglieferung. Dinge und Materialien, die man im Moment nicht benutzt und ausgelagert hat, die man aber irgendwann wieder gebrauchen könnte, die einfach zu schade und zu wertvoll sind, um sie wegzuwerfen.

Gerade Einrichtungen, die sowohl auf Wirtschaftlichkeit und Nachhaltigkeit, als auch auf Materialangebote zur Förderung der kindlichen Kreativität Wert legen, profitieren von dieser „Vorratswirtschaft". Überreste und „Kinkerlitzchen" bilden eine Fundgrube, die meist mehr Möglichkeiten bietet als das schönste fertig gekaufte Spielzeug.

Wichtig ist allerdings: Vermeiden Sie eine ungeordnete, unübersichtliche Materialflut. Das sorgsame Aufbewahren verleiht Materialien einen besonderen Wert. Darüber hinaus sind sie schnell verfügbar, müssen nicht erst aufwendig gekauft oder bestellt werden. Krimskrams-Kisten werden auch zu Erinnerungskisten.

## Geschicklichkeitsspiel mit CDs

+2

### Material:

alte CDs, Schnur (z.B. dünne Kunststoff-Wäscheleine – vorab eine dicke Perle an ein Ende knoten – oder dünner Rundstab (50–80 cm lang) mit dicker Perle am unteren Ende
Für die Variation: Malstift, eventuell Alufolie

Geben Sie den Kindern alte CDs zum freien Ausprobieren. Was kann man damit tun? Z.B. befühlen, Reihen legen, rollen, drehen, werfen, usw. CDs kann man auch auf einer Leine auffädeln oder auf ein Rundholz aufstecken.

**Variation:** Stecken Sie durch das Loch in der Mitte der CD einen Malstift. Falls er zu dünn sein sollte, können Sie den Stift vorab mit Alufolie umwickeln, sodass er fest in der Mitte der CD sitzt. Die Kinder drehen den Stift zwischen den Fingern, sodass die CD sich wie ein Kreisel bewegt.

## Schnecken-Stempel mit Wellpappe

+3

### Material:

Wellpappe, Alleskleber, Schere, Fingerfarbe, Schälchen, Papier (z.B. Tapete)

Schneiden Sie mit einer großen Schere lange Streifen aus der Wellpappe (2–3 cm breit).
Die Kinder streichen jeden Streifen mit Klebstoff ein und rollen ihn zu einer „Schnecke" auf. Die fertige Stempel-Schnecke in Fingerfarbe tauchen und auf Papier mehrmals abstempeln.

# CDs rund und bunt

Windowcolor, Folienstifte, Glitzerstifte oder Tapetenkleister und farbige Papierschnipsel (nicht zu klein)
Für die Variationen: dünne Paketschnur, Tapetenkleister extra stark oder Alleskleber und Pappe, Fotos

Soll eine CD farbig und bunt werden? Das ist gar nicht so leicht, denn Malfarbe haftet kaum auf der glatten Oberfläche. Mit Windowcolor, Folienstiften oder Glitzerstiften lassen sich dagegen interessante Muster und Effekte auftragen. Jüngere Kinder streichen Papierschnipsel mit Kleister ein und kleben sie auf der CD fest, bis diese ringsum farbig bunt ist (ab 4 Jahren).

**Variation 1:** Farbig gestaltete CDs kann man auf eine lange Schnur fädeln und als Girlande aufhängen oder auch untereinander zu einem Mobile verknüpfen.

**Variation 2:** Soll es lieber eine Collage sein? Dann kleben die Kinder viele CDs mit Alleskleber – bunt versetzt – oder in Reihen auf ein großes Stück Pappe.

**Variation 3:** Eine CD wird zu einem Bilderrahmen, wenn wir ein Foto in die Mitte kleben.

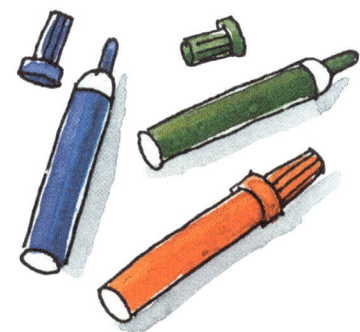

## Collage und Co aus Geschenkpapier  +3

**Material:**

Geschenkpapier (mit farbigen Darstellungen darauf), Scheren, Klebstoff (z.B. Kleister oder Klebestifte), große Papierbögen

Stöbern Sie mit den Kindern in einer Kiste, in der gebrauchtes Geschenkpapier aufgehoben wird. Befühlen und betrachten Sie die verschiedenen Papiere. Wem gefallen einzelne Darstellungen auf den Papieren besonders gut? Dann die Bilder herausreißen oder mit der Schere ausschneiden und mit Tapetenkleister oder Klebestiften auf einen großen Papierbogen kleben. So können kleine Szenen oder Landschaften entstehen und es gibt jede Menge dazu zu erzählen.

### Geschenkpapier nicht gleich in den Müll werfen!

Nach dem Auswickeln eines Geschenkes muss das Papier nicht achtlos in den Papierkorb wandern. Manchmal lässt es sich ein zweites Mal verwenden oder Sie heben es in einer Sammelkiste auf und geben es den Kindern später zum Betrachten, Befühlen, Schnipseln oder Kleben.

## Kronkorkenspaß  +2

**Material:**

viele Kronkorken, Schüsseln oder Kisten, Tablett oder Handtuch

Kronkorken eignen sich zum Befühlen und Sortieren in Schüsseln oder Kisten. Auf einem Tablett oder einer anderen Unterlage lassen sich vielseitige Reihen und Muster legen.

**Hinweis:** Achten Sie darauf, dass die Kronkorken keine scharfen Ecken haben.

## Schnurdruck

+6

**Material:**

Paketschnur oder Kordel (gleichmäßige Stärke), Schere, Alleskleber, feste Pappe (DIN-A4) saugfähiges Papier (z. B. Japanpapier oder Tapete), Farbe, Farbwalze, Glas- oder Kunststoffplatte

Die Kinder legen die Schnur auf die Pappe und schauen, welche Formen sich legen lassen (z. B. Wellen, Kreise, Schnecken usw.). Sie können es bei diesem Experimentieren mit der Schnur belassen, oder mit den Kindern einen Druckstock für den Kordeldruck vorbereiten.

Hierfür zeichnen die Kinder mit dem Klebestift Wellen, Kreise o. Ä. auf Pappe und drücken anschließend die Kordel in den Klebstoff, bis sie auf der Unterlage festklebt. Dann Farbe auf eine Glas- bzw. Kunststoffplatte geben und mit der Druckwalze über die Platte walzen, sodass die Walze gleichmäßig Farbe annimmt. Nun die Kordel mit der Farbwalze dick einfärben und ein sauberes Blatt Papier oben auflegen. Mit der Hand das Papier glattstreichen. Papier vorsichtig abziehen und den fertigen Druck bestaunen.

## Die Streichholz-Hosentaschen-Galerie

+4

**Material:**

leere Streichholzschachteln, Farben (z. B. Fingerfarben, Temperafarben), Pinsel, Klebstoff, großer Bogen Pappe, Abbildungen (aus Zeitschriften oder Geschenkpapier), Kleinteile für die Füllung (z. B. Murmel, Blatt, Nudel, Stein, Minispielzeug)

**Hinweis:** Achten Sie darauf, dass kleine Teile verschluckt werden könnten!

Geben Sie den Kindern die Schachteln zunächst zum freien Spiel. Was kann man alles damit tun? Wer möchte die Schachteln außen oder innen bunt gestalten, z. B. mit Fingerfarbe anmalen oder mit kleinen Bildern bekleben? Viele Streichholzschachteln kann man neben- bzw. übereinander zu einem Relief auf Pappe aufkleben. Vorher vielleicht eine kleine Überraschung (z. B. Murmel, Steinchen o. Ä.) in der Schachtel verstecken. Da kann man die verschiedenen Inhalte immer wieder erraten und anschließend neugierig nachschauen.

## Türme, Monster und mehr aus Kartons +3

**Material:**

unterschiedliche Kartons oder Schachteln, Farben (z.B. Finger- oder Tempera-farben), Farbschälchen, Pinsel, doppelseitiges Klebeband, Alleskleber

Die Kinder dürfen zunächst frei mit den Kartons oder Schachteln experimen-tieren und untersuchen, welche Spiel- und Gestaltungsmöglichkeiten sich spontan ergeben. Dann werden Tisch und Fußboden mit Schutzfolie abgedeckt und Farben und Pinsel angeboten. Die Kartons sollen mit Farbe bunt gestaltet werden. Ist die Farbe durchgetrocknet, gibt es verschiedene Möglichkeiten der Weiterverwendung:

- *Turm:* Dazu werden die Kartons, z.B. mit doppelseitigem Klebeband, über-einander fixiert.
- *Monster:* Hierzu Kartons hintereinander in eine Reihe kleben. Vorne einen größeren Karton als Kopf gestalten (Augen vielleicht aus Käseschachteln, Zunge aus einer langen Pappröhre usw.).
- *Briefkasten:* Auch alltägliche Spielgegenstände können entstehen. In den Karton einen Schlitz oder eine Klappe hineinschneiden und schon kann die Post eingeworfen werden.
- *Rollenspiele:* Kartons können als Regale für den Kaufladen, Tisch für die Puppenecke, Anhänger für Bobbycars und sogar als Blumenkiste verwen-det werden.
- *Haus und Krabbeltunnel:* Große Umzugskartons verwandeln sich nach dem Bemalen in ein Haus (Tür und Fenster mit dem Teppichmesser ein-schneiden) oder als Krabbeltunnel (hierzu Vor- und Rückwand entfernen).
- *Geräuschemacher:* Die Kartons können auch mit Reis, Perlen und Erbsen befüllt und zugeklebt wer-den und als Geräuschemacher dienen.

## Rassel-Kette

+5

**Material:**

viele Kronkorken, dünner Schraubenzieher, Hammer, weiche Unterlage (z.B. Handtuch), Blumendraht
Für die Variation: Nägel (z.B. Dachpappnägel), Brett aus weichem Holz

Zunächst geht es darum, mit Schraubenzieher und Hammer Löcher in Kronkorken zu schlagen. Dazu wird jeder einzelne Kronkorken auf eine weiche Unterlage gelegt (z.B. Handtuch).
Anschließend die Spitze des Schraubenziehers mitten auf den Kronkorken setzen und mit dem Hammer so oft klopfen, bis ein Loch eingeschlagen ist. Die Kronkorken werden nun auf Draht zu einer Schmuck-Kette aufgefädelt. Man kann die Kette auch zu einem Kranz bzw. Reifen schließen (Enden mehrmals umeinanderwickeln) und als Rasselinstrument verwenden.

**Variation:** Kronkorken mit Nägeln auf weiches Holz zu einem bunten Bild nageln.

## Ein bunter Rahmen für mein Bild

+2

**Material:**

Pappteller, Tabletts für Kuchen (rund oder eckig), Farben (Finger-, Temperafarbe oder Gouachefarben), Fotos der Kinder (ersatzweise auch Fotos aus Zeitschriften), Klebstoff, Schere

Die Kinder malen die Pappteller mit Farben bunt an. Nach dem Trocknen wird in der Mitte ein Foto des Künstlers aufgeklebt. Statt des Kinder-Fotos kann in der Mitte auch ein Bild aus einer Zeitschrift (z.B. Tierfoto) oder eine Kinderzeichnung platziert werden.

## Pinnwand für den Gruppenraum

 +4

### Material:

kleiner Bilderrahmen mit Rückwand, viele Weinkorken einheitlicher Form und Größe, Wasserfarben, Pinsel, Alleskleber

Jedes Kind bemalt seinen Korken mit Farbe und klebt einen oder mehrere Korken – dicht an dicht – in den Innenraum des Bilderrahmens auf die Grundplatte. Dazu jeden Korken großzügig mit Alleskleber einstreichen.

Wichtig ist, dass die Korken in Reihen nebeneinander- bzw. untereinandergeklebt werden und sich gegenseitig berühren, sodass am Ende eine Art „Korkenplatte" entsteht.

Am Ende haben wir ein interessantes plastisches Bild, das sich auch praktisch als Pinnwand für Zettel verwenden lässt.

**Variation:** Übrig gebliebene Korken für Korkendruck verwenden!

## Gesichter rund und bunt

 +4

### Material:

runde Pappteller, Farben, Stifte, Papierreste, Luftschlangen, Wolle, Knöpfe, Federn, Stoffreste, (Kron-)Korken, Alleskleber, Schere

In einer Gesprächsrunde betrachten die Kinder untereinander die Gesichter ihrer Nachbarn und später dann vielleicht im Spiegel auch ihr eigenen Gesicht.

Nun geht es darum, auf dem Pappteller ein Gesicht entstehen zu lassen. Dabei darf ordentlich in der Restekiste gekramt werden. Vielleicht entstehen Augen aus Knöpfen, eine Nase aus einem Korken, ein Mund aus Papier, Haare aus Wolle oder Luftschlangen.

# Papier schöpfen

Altpapier (z. B. Zeitungen, alte Briefumschläge, Eierkartons u. Ä.), Wasser, Schüsseln, eine kleine Wanne zum Schöpfen, Fliegengitter (mit Schere auf DIN-A4, DIN-A5 oder DIN-A6 zuschneiden), Allzwecktuch, alte Handtücher oder Filz, Nudelholz, Stabrührmixer

**Hinweis:** Zu viel bedrucktes Zeitungspapier lässt das fertige Produkt leicht grau aussehen. Besser weiße Papierränder von Zeitungen, alte Briefumschläge o. Ä. wählen!

Altpapier in kleine Stücke reißen und über Nacht in einer Schüssel mit heißem Wasser einweichen (etwa 2/3 Wasser, 1/3 Papier). Später mit dem Mixer portionsweise zu einem Brei zerkleinern. Falls er zu fest ist, noch Wasser zugeben. Allzwecktuch anfeuchten und auf ein saugfähiges Handtuch oder auf Filz legen (am besten Plastiktüte darunter). Das Tuch wird später gebraucht.

Schöpfwanne mit etwas Wasser füllen und den Papierbrei hineingießen und umrühren. Fliegengitter vom Wannenrand aus schräg unter den Papierbrei tauchen und in eine waagerechte Position bringen. Anschließend Gitter vorsichtig herausnehmen und dabei etwas spannen. Oben sammelt sich nun der Papierbrei.

Gitter zum Abtropfen leicht schräg halten. Kinder können zur Verzierung Blättchen, Blütenblätter, Glitzerstaub, Papierschnipsel u. Ä. auf den Faserbrei geben. Gitter mit dem Brei nach unten auf das vorbereitete, feuchte Allzwecktuch kippen. So wird überschüssiges Wasser aufgesogen. Nudelholz über das Gitter walzen und so das Wasser herauspressen. Das Gitter löst sich meist von selbst und kann abgenommen werden.

Das Allzwecktuch mit dem Papier zum Trocknen aufhängen oder hinlegen und Papier nach dem Trocknen vorsichtig abziehen. Ist das fertige Papier zu wellig, so kann man es zwischen zwei Tüchern mit einem Bügeleisen glätten.

**Hinweis:** Soll das Fliegengitter in einen festen Rahmen? Schöpfrahmen kann man aus einem Holzrahmen oder Bilderrahmen selber bauen. Dazu Fliegengitter auf den Holzrahmen nageln oder tackern.

## Masken aus Zeitungspapier

Material:

Zeitungspapier, runde Luftballons, Tapetenkleister, Wasser, Schüssel, Schneebesen, Filzstift, Schere, Bindfaden, Farbe, Pinsel

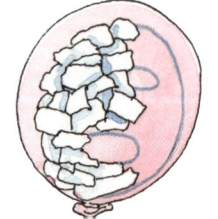

Luftballon aufpusten (er sollte etwas größer als der eigene Kopf sein), zuknoten und auf den Ballon mit Filzstift die Umrisse einer Maske sowie Augen- und Mundlöcher zeichnen.

Dann 1/2 Tasse Tapetenkleister mit dem Schneebesen gut durchrühren. Anschließend Zeitungspapier in Stücke reißen, jedes Stück durch den Kleister ziehen und dann auf den Luftballon kleben. Die aufgezeichneten Augen und den Mund aussparen und möglichst nicht über den äußeren Rand der Maske drüberkleistern.

Das Kleben so oft wiederholen, bis nichts mehr vom Ballon zu sehen ist. Meist müssen ca. 4 Schichten Papier übereinandergeklebt werden.

Die Maske einen Tag trocknen lassen, dann vorsichtig vom Ballon lösen und mit Farbe bunt gestalten.

**Hinweis:** Die Maske kann an die Wand gehängt oder aufgesetzt werden, dazu rechts und links ein Loch einbohren und ein Band anknoten.

# Von Ferngläsern und Klapperschlangen   +2

**Material:**
viele Papprollen von Toilettenpapier (am besten über einen längeren Zeitraum sammeln), Fingerfarbe, evtl. Klebeband oder Alleskleber, Schere, dicke Paketschnur, Kunststoffplatte

Überlassen Sie die Papprollen den Kindern zunächst zum freien Spiel. Wer möchte die Rollen später bunt gestalten? Dazu einfach Fingerfarbe mit den Händen auf die jeweilige Papprolle streichen oder die Rolle durch die Farbe rollen. Das geht am besten auf einer Kunststoffplatte, die vorher mit Farbe eingestrichen wurde. Wenn die Rollen getrocknet sind, ergeben sich unterschiedliche Spielmöglichkeiten:

- Wir schauen durch eine Papprolle wie durch ein Fernrohr. Man kann auch zwei Rollen mit Klebeband oder Alleskleber zusammenleimen.
- Geben Sie den Kindern Paketschnur, sodass sie die Röhren hintereinander auffädeln können. Dann das Ende der Schnur mit Klebeband festkleben. Schon ist eine Schlange zum Hinterherziehen entstanden.
- Pappröhren zu Türmen und Häusern aufstellen und oben ein Dach auflegen (z. B. eine Muschel, einen flachen Stein etc.). Ältere Kinder können zusätzlich auch Türen und Fenster auf die Röhre malen.
- 5–6 Röhren mit Klebstoff nebeneinander zu einem Floß oder Boot festkleben (schwimmt für kurze Zeit).
- Aus unterschiedlich langen Röhren wird eine Röhren-Familie. Die Röhren senkrecht nebeneinander aufstellen und oben eine Wattekugel als Kopf aufkleben. Je nach Alter gestaltet die Kinder die Figuren mit Gesichtern, Haaren, usw.
- Angemalte Papprollen senkrecht nebeneinander in einen Kinderschuh-Karton kleben und als Halter für Buntstifte verwenden.
- Farbig bemalte Rollen 4–5 Mal mit einer scharfen Schere waagrecht durchschneiden, sodass einzelne Ringe entstehen. Viele Ringe kann man zu einem Teppich zusammenkleben oder gegenständlich Figuren daraus gestalten.

# Hier rasselt es

**Material:**

leere Küchenpapierrollen oder andere längere Papprollen, Luftballons, Schere, Klebeband, Reis, Erbsen, Maiskörner o.Ä., Geschenkbänder, dicke Wolle, Papierreste, Klebstoff

Von Luftballons werden die unteren Enden mit der Schere abgeschnitten. Das sind die Enden, durch die normalerweise der Ballon aufgepustet wird. Nun den verbliebenen Rest mit den Händen auseinanderziehen, über ein Ende der Papprolle ziehen und mit Klebeband rundum fixieren. Dabei können ein älteres und ein jüngeres Kind zusammenarbeiten. Jetzt wird die Röhre gefüllt, z.B. mit etwas Reis, ein paar Erbsen oder Maiskörnern (nicht zu viel verwenden). Das andere Ende wird mit einem weiteren Luftballonrest wie oben beschrieben geschlossen.

Zum Schluss die Röhre mit Papierresten, Geschenkbändern, Wollfäden verzieren, und schon haben wir ein Rasselinstrument.

# Bierdeckel-Mosaik

 +2

## Material:

Bierdeckel rund oder eckig, Farbe (z. B. Finger- oder Temperafarbe), evtl. Pinsel, Schälchen, Wasser, große Bögen Papier oder Pappe, großes Holzbrett, Alleskleber oder Kleister, Knöpfe, Federn, Papierreste, Wollfäden
Für die Variation: Messer oder Schere, Locher, Geschenkbänder, Schnürsenkel

Die Bierdeckel werden individuell von den Kindern mit Farbe angemalt. Nach dem Trocknen können zusätzliche Materialien auf jeden Deckel geklebt werden, z. B. Knöpfe, Federn, Papierreste und Wollfäden.
Jedes Kind klebt seinen fertig getrockneten Deckel mit Klebstoff auf ein großes Blatt Papier, Pappe oder auf ein Holzbrett. Viele Deckel ergeben zusammen ein Mosaik, das z. B. als Gemeinschaftsbild in den Gruppenraum aufgehängt werden kann.

**Variation 1:** Bierdeckel auf jeder Seite mit Schere oder Messer einmal einkerben. So lassen sich Deckel als „Bauwerk" zusammenstecken.

**Variation 2:** Mit dem Locher gelochte Bierdeckel können mit Schnür- oder Geschenkbändern aufgefädelt werden und verbinden so die Deckel, die man dann als Zaun, Hausmauer, Schlange oder Labyrinth aufstellen kann.

## Material-Register